本书是湖南省普通高校创新创业教育基地：工商管理类专业创业教育基地编号：湘教通〔2018〕380号序65）；湖南省普通高校创新创业教育中心：创新创业教育中心（中心编号：湘教通〔2019〕333号序70）；湖南省规划项目：地方本科院校应用型人才培养研究——基于校企合作育人视角（课题编号：XJK18CGD058）；湖南省普通高等学校教学改革研究项目：应用型本科高校会计学专业实践教学改革研究；教育部高教司产学合作协同育人项目：资产评估专业双师型教师队伍建设研究（课题编号：201802366026）阶段性研究成果。

探索与实践：
校企合作人才培养模式研究

郑爱民　曹　锋◎著

吉林人民出版社

图书在版编目(CIP)数据

探索与实践：校企合作人才培养模式研究 / 郑爱民，曹锋著． -- 长春：吉林人民出版社，2020.8
ISBN 978-7-206-17476-6

Ⅰ．①探… Ⅱ．①郑… ②曹… Ⅲ．①高等教育 – 产学合作 – 人才培养 – 培养模式 – 研究 – 中国 Ⅳ．① G649.2

中国版本图书馆 CIP 数据核字 (2020) 第 160325 号

探索与实践：校企合作人才培养模式研究
TANSUO YU SHIJIAN : XIAOQI HEZUO RENCAI PEIYANG MOSHI YANJIU

著　　者：郑爱民　曹　锋
责任编辑：金　鑫　　　　　　　　封面设计：金　莹
吉林人民出版社出版 发行（长春市人民大街 7548 号）　邮政编码：130022
印　　刷：定州启航印刷有限公司
开　　本：710mm × 1000mm　　　　1/16
印　　张：10.75　　　　　　　　　字　　数：200 千字
标准书号：ISBN 978-7-206-17476-6
版　　次：2020 年 8 月第 1 版　　　印　　次：2020 年 8 月第 1 次印刷
定　　价：49.00 元

如发现印装质量问题，影响阅读，请与印刷厂联系调换。

前　言

校企合作的理念早就存在，其要求教育同社会生产有效结合，使学生在接受学校知识教育的同时，在企业中获得能力，为学生未来就业打下良好的基础。我国的职业教育已进入新的发展阶段，以校企合作的模式培养人才符合社会发展的需求，也是教育发展的必然趋势。

我国的职业教育开展校企合作经历了初期阶段、发展阶段、新合作阶段。虽然我国的职业教育在校企合作人才培养方面起步较晚，但是借鉴了发达国家校企合作的有关经验，发展速度比较快。

为了深入探索职业教育校企合作人才培养模式，笔者查阅了大量资料，拜访了相关领域的专家和学者，并结合自身的工作经验，对校企合作人才培养模式展开研究。

本书对校企合作的相关背景、发展现状等进行了分析，探讨了校企合作中各主体的利益诉求与权责分配，并总结了发达国家在校企合作教育方面的经验，最后探索了校企合作对旅游人才、民航人才、产品设计人才、会计人才等的创新培养模式。

在本书的写作过程中，笔者得到了许多专家和学者的帮助，也借鉴了一些前人的研究成果，在此表示衷心的感谢。本书因创作时间短，加上笔者自身水平有限，难免存在不足之处，希望广大读者批评指正。

目 录

第一章　校企合作的理论依据、背景和意义 ·· 1
　　第一节　校企合作的理论依据 ··· 1
　　第二节　校企合作的现实背景 ··· 7
　　第三节　校企合作的重要意义 ··· 16

第二章　我国校企合作机制的发展及现状 ··· 19
　　第一节　我国校企合作机制的发展演进 ·· 19
　　第二节　我国校企合作的现状分析 ·· 27

第三章　校企合作主体的利益诉求与权责分配 ·· 31
　　第一节　校企合作中企业与职业院校责权关系的演变与建构条件 ········ 31
　　第二节　校企合作利益主体责权配置的困境与原因分析 ····················· 36
　　第三节　校企合作利益主体责权配置的优化策略分析 ························ 46

第四章　国际校企协同创新的经验 ·· 51
　　第一节　德国高校的校企合作 ··· 51
　　第二节　美国高校的校企合作 ··· 56
　　第三节　英国高校的校企合作 ··· 61
　　第四节　澳大利亚高校的校企合作 ·· 65
　　第五节　日本高校的校企合作 ··· 70

第五章　基于校企合作的旅游人才培养模式 ··· 75
　　第一节　旅游人才培养校企合作的相关概念 ······································ 75

  第二节　基于校企合作的旅游人才创新创业能力培养 …………… 86

  第三节　旅游人才培养校企合作优化策略分析 …………………… 95

第六章　基于校企合作的民航人才培养模式 ………………………… 99

  第一节　民航应用型创新型人才培养的特点 ……………………… 99

  第二节　民航校企合作人才培养的模式分析 ……………………… 105

  第三节　民航人才培养校企合作机制创新 ………………………… 113

第七章　基于校企合作的产品设计专业人才培养模式 ……………… 131

  第一节　产品设计专业开展校企合作教学的意义 ………………… 131

  第二节　基于校企合作模式的产品设计课程改革 ………………… 132

  第三节　基于校企合作的产品设计专业人才培养模式分析 ……… 134

第八章　基于校企合作的会计专业人才培养模式 ……………………… 149

  第一节　会计专业推行校企合作的重要性 ………………………… 149

  第二节　会计专业校企合作中的问题 ……………………………… 150

  第三节　基于校企合作的会计专业人才培养模式探究 …………… 153

参考文献 …………………………………………………………………… 162

后　记 ……………………………………………………………………… 165

第一章 校企合作的理论依据、背景和意义

校企合作是职业院校谋求自身发展，实现与市场接轨而有针对性地为企业培养实用型技术人才的一项重要举措。本章介绍了实现校企合作的相关理论依据，并对校企合作的背景和意义进行了分析。

第一节 校企合作的理论依据

纵观国内外校企合作教育发展的历程，我们可以看出校企合作有着丰富的理论基础。笔者认为，最具有代表性的有五大理论基础分别是：效能理论、利益相关者理论、人本原理、系统论、教育与生产劳动相结合理论。

一、效能理论

（一）效能理论的含义

效能理论是一个经济学原理，其基本含义是：现代科学管理要最大限度地放大管理系统的功能，以尽可能少的投入或资源消耗，创造出尽可能大的价值，获取尽可能高的效益，从而实现管理目标，为社会做出尽可能多的贡献。

效能理论可以概括成用最小的投入收获最大化的产出。其包括"效"与"能"两方面含义，效就是效率，能就是功能，即效能管理既要有效率又要有功能，是管理过程和管理结果的统一。

从效能理论的含义可以看出，科学管理所追求的就是低投入、高产出，这也是一个管理系统高效运行的标志。

（二）效能理论在校企合作中的运用

1.降低职业院校办学的成本投入

从职业院校的角度来看，与企业合作可以获得最大效益。职业教育的发展需要职业院校拥有大量的实训基地，但政府和职业院校的投入都十分有限。

通过校企合作，职业院校不仅可以节省大量建设校内实训基地的资金，还可获得企业的资金、设备等部分资助，更可以为学生搭建一个实践平台。另外，要实现职业教育的培养目标，职业院校必须建立一支"双师型"教师队伍，加强对"双师型"教师的培养，但这要花费职业院校大量的人力、物力、财力，而且不一定能如愿以偿。而通过校企合作，职业院校一方面可以借助企业的力量，把教师安排到企业进行挂职锻炼；另一方面，企业中经验丰富的技术人员也可以到职中院校为学生授课。

2.使人才培养周期得到缩减

从企业的角度来看，校企合作同样可以实现企业利益的最大化。如果企业引进的是单一校园环境办学模式下培养出来的人才，那么这些人才则需要一段适应期，难以充分挖掘他们的效能。而如果引进的是校企合作模式下培养出来的人才，那么这些人才从一开始就是岗位能手，可以为企业创造更多的价值，实现人才效益的最大化。此外，企业可以通过与职业院校合作，充分利用职业院校的科研优势，及时解决生产与创新过程中遇到的技术难题，实现企业技术开发效能的最大化。

二、利益相关者理论

（一）利益相关者理论的含义

利益相关者的概念由美国斯坦福大学研究所于1963年首次提出。美国经济学家弗里曼在《战略管理：利益相关者方法》一书中对利益相关者进行了广义的定义。弗里曼将利益相关者定义为，"任何能够影响组织目标的实现或受这种实现影响的团体或个人。"该定义内涵丰富，指出利益相关者不仅包括影响组织目标的团体或个人，还涵盖因采取行动去实现组织目标而受影响的团体或个人，其中包括社区、政府等实体，进一步延伸了研究对象的范畴。后来，弗里曼进一步将定义修改为"利益相关者是那些因公司活动受益或受损，其权利也因公司活动而受到尊重或侵犯的人"[1]。此定义重点强调利益相关者与企业之间的相互关系，为利益相关者参与企业战略管理活动提供了条件。

（二）利益相关者理论在校企合作中的运用

迄今为止，在职业教育管理理论指导下，职业院校一直把自己作为一个独立的个体。在办学过程中，始终以学校内部教育价值实现为唯一目的。因

---

[1] 王彪.论利益相关者公司治理模式[D].济南：山东大学，2008.

此，职业院校在组织管理与制度建设上，缺乏对整个教育产业及影响教育产业发展的其他因素的考虑。事实上，在整个大的教育系统中，职业教育的发展与经济、文化、科技、社会等领域有着紧密的联系。在职业院校内部，学生、家长、教师等因素也极大地影响着职业院校的生存与发展。职业院校就是一个典型的利益相关者组织，在发展过程中要保持与利益相关者有效的沟通和交流，努力满足其利益诉求，积极维护各方的关系，进而推动自身更好地发展，并为职业教育的发展提供不竭动力。

近年来，高等教育正面临着前所未有的改变与革新，高等教育的发展需要政府、高等院校、学生及家长、教师、社会媒体、商业企业等众多有关人士的参与。与此同时，世界各地关于高等教育发展的政策要求高等院校广泛地吸纳社会各界力量办学，与社会、政府、学生、商业企业等在尊重各自利益的基础上建立合作伙伴关系。基于以上阐述，职业教育作为高等教育的一部分，其发展也必将受到高等教育发展趋势的影响。职业院校开展校企合作，以利益相关者理论为指导，从利益相关者的利益诉求的角度来分析问题和解决问题，对职业院校校企合作的优化发展至关重要。

三、人本原理

（一）人本原理的含义

人本原理是管理学的基本原理之一，即以人为本的原理。它要求人们在管理活动中坚持一切以人为核心，以人的权利为根本，强调人的主观能动性，力求实现人的全面、自由发展。其实质就是充分肯定人在管理活动中的主体地位和作用。同时，通过激励、调动和发挥员工的积极性和创造性，引导员工去实现预定的目标。组织的各项管理活动都应以调动和激发人的积极性、主动性和创造性为根本，促进人的全面发展。

（二）人本原理在校企合作中的运用

1. 校企合作有利于实现职业院校的人才培养目标

学生选择职业院校的目的是学到好技术，以便毕业后找到一份好工作。然而，有一些职业院校的教师队伍中，理论型教师占的比重过大，他们把教材视为"蓝本"，把学生当作专科生、本科生来教；学校又因实训基地的缺乏，很少甚至几乎没有安排学生实践过，这种教学方式培养出来的学生很难适应市场需要，毕业可能就面临着失业。而通过校企合作可以更好地实现职业院校的人才培养目标。通过校企合作，学生可以利用企业提供的实训场所亲自操作，学到技术，立足于社会。

2.校企合作有利于提高学生的学习兴趣

在职业院校里，部分学生对理论学习的兴趣不浓，他们喜欢动手操作，而校企合作就可以为他们提供实践的机会，激发他们的学习兴趣。兴趣是最好的老师，他们对自己的专业感兴趣了，自然也就能学好。

3.校企合作有利于学生毕业后顺利就业

通过校企合作，职业院校可以节省投入实训基地建设的资金，因为企业本身就是很好的实践场所。这样，学生在校期间就可以像工厂的职工一样学习技术，并锻炼自己的能力，一毕业就可以直接进入工厂，甚至成为岗位能手。这样的学生正是目前很多企业所需要的，就业便不成问题。学生读职业院校的目的是找份好工作，而校企合作可以为学生提供这样的机会，这才是真正的以人为本。

四、系统论

（一）系统论的含义

系统论作为一门科学，是由美籍奥地利理论生物学家L. V.贝塔朗菲（L.Von.Bertalanffy）创立的。他在1932年发表了"抗体系统论"，提出了系统论的思想。1937年，他又提出了一般系统论原理，奠定了这门科学的理论基础。

系统一词来源于古希腊语，是由部分构成整体的意思，通常被定义为"由若干要素以一定结构形式联结构成的具有某种功能的有机整体"[①]。在这个定义中包括系统、要素、结构、功能四个概念，表明了要素与要素、要素与系统、系统与环境三方面的关系。系统论的核心思想是系统的整体观念，强调任何系统都是一个有机的整体，它不是各个部分的机械组合或简单相加，而是"整体大于部分之和"的有机整体。系统中的各要素相互作用、相互制约，形成交叉关系，产生全新的整体效应。同时，系统论认为，系统还具有时变特点，即系统中的各要素将随着时间和环境的改变而发生变化，其中任何一个要素的变化都将使其他要素发生改变。因此，时间、地点、条件不同，系统中各要素相互作用的方式和效应也完全不同。

（二）系统论在校企合作中的运用

1.从系统整体性来说，校企作为一个整体，其功能远超过单一校园环境

[①] 魏宏森．系统论[M]．北京：世界图书出版公司，2009：11．

或单一企业环境的功能。系统的功能不等于各要素功能的简单相加，而往往要大于各个部分功能的总和，即整体大于各个孤立部分的总和。这里的"大于"不仅指数量上大，还指在各部分组成一个系统后，产生了总体的功能，即系统的功能。这种功能大大超过了各个部分功能的总和。在校企合作模式中，学校和企业构成一个系统，学校资源和企业资源有机结合，构成一个整体。这样产生的功能大大超过单一校园环境或单一企业环境对人才培养的功能。

2. 从系统动态性来说，校企合作可以使校企双方达到双赢的目的。动态性则是系统原理的另一要点。系统作为一个运动着的有机体，其特定状态是相对的，运动状态是绝对的。"系统内部的联系就是一种运动，系统与环境的相互作用也是一种运动。职业教育办学模式不可能一成不变，要根据社会经济的发展而发展。打破传统模式，探索新的途径，正是系统论中动态性的体现。系统还是开放的。从系统原理来看，全封闭的系统是不存在的，不存在一个与外部环境完全没有物质、能量信息交换的系统。对外开放是系统的生命，因此明智的管理者应当从开放性原理出发，充分估计到外部对本系统的种种努力影响，努力从开放中扩大本系统从外部吸入的物质、能量和信息。"[①]校企合作突破了传统的单一校园环境办学模式，与企业合作，使学校与企业实现了有序的对接与交流，达到了互动、双赢的目的。

3. 从系统环境适应原则来说，校企合作有利于职业院校更好地适应人才市场。系统原理还有一个重要原则，就是环境适应原则。系统不是孤立存在的，而要与周围事物发生各种联系，如果系统与环境进行物质、能量和信息的交流，能够保持最佳的适应状态，则说明这是一个有活力的系统。否则，一个不能适应环境的系统则是无生命力的。同样，职业院校这样一个系统不是孤立存在的，它与社会环境、地方经济等外界环境因素紧密相关。职业院校要发展，必须和当今的市场经济环境融合在一起，培养社会需要的人才。校企合作正是学校向社会迈出的第一步，也是学校为自己赢得生机的有效途径。

五、教育与生产劳动相结合理论

（一）教育与生产劳动相结合理论的含义

教育与生产劳动相结合是马克思主义教育学说的重大理论。马克思在蒸

---

① 韩爱群.高等职业教育校企联合办学模式的研究[D].长沙：湖南师范大学，2005：17.

汽机应用和资本主义走向成熟的背景下，从研究现代生产、现代科学、现代生产劳动和现代教育的本性中提出了教育与生产劳动相结合的观点。[①]他认为，具有革命性技术基础的现代工业决定了现代劳动者必须是受到全面教育的、全面发展的劳动者。一方面，机器大工业的发展需要全面发展的工人，而全面发展的工人必须接受全面发展的教育，必须具有综合素养；另一方面，工人不能脱离生产劳动去接受教育，因而只有把教育过程和生产劳动过程这两个相互独立的过程结合起来，才能使工人受到全面发展的教育。因此，教育与生产劳动相结合是机器大工业本性所要求的，是现代社会的产物。机器大工业催生了现代学校，在现代学校产生以后，教育逐渐成为一个独立的社会过程，学校教育也渐渐远离了生产劳动过程。这样，教育与生产劳动相结合也必然成为一种社会状态持续存在。马克思揭示了这一客观存在，并预见性地提出了教育与生产劳动相结合。此后，教育与生产劳动相结合理论不断丰富和发展。

（二）教育与生产劳动相结合理论在校企合作中的运用

教育与生产劳动相结合理论确立了教育与生产劳动相互依存、互为条件、共同发展的关系，表明了教育与生产劳动的关系是动态变化的。从教育与生产劳动相结合到现代社会经济和科学技术迅速发展背景下的教育必须同国民经济发展的要求相适应，推动了职业教育与生产劳动相结合在内容与方法上的改革和创新，明确地将学生的学习与将来的就业、科学技术的发展联系起来，为"以就业为导向""培养技能型人才"的职业教育校企合作奠定了基础。

对于职业教育而言，校企合作是教育与生产劳动相结合这一理论在职业教育中的具体体现，教育和生产劳动相结合理论则是职业教育校企合作的思想源泉。英国、澳大利亚、德国、日本等国家在教育与生产劳动的关系问题上，结合本国的经济、文化和科技等背景，解决教育与生产两个过程的结合问题，形成了具有本国特色的结合形式，如英国的"三明治"合作、澳大利亚的TAFE（技术与继续教育）、德国的"双元制"、日本的"产学合作"等。

然而，在社会经济快速发展的今天，经济环境和教育环境发生了巨大改变。现阶段，在我国社会主义市场经济条件下，市场、资本、竞争的存在对职业教育与生产劳动的关系产生了巨大影响。在市场经济中，经济运作方式

---

① 成有信.教育与生产劳动相结合理论的新探索[J].北京师范大学学报（社会科学版），1997(3): 26—34.

以公平、效率为核心原则，利用资源的最佳组合来产生最大效益。市场经济体制的建立、发展和完善为社会中各种资源的有效组合、利用提供了可能。职业教育作为一种有效的资源，怎样与其他资源结合产生更大的效益也就成为现代社会中的一个重要课题。在此背景下，只有遵循市场经济规则，按照公平、效率的原则，重新审视职业教育与生产劳动的关系，从全新的角度研究职业教育与生产劳动的关系，使两种资源的效益最大化，才能推动经济社会的发展。

第二节　校企合作的现实背景

一、"中国制造2025"

经过几十年的快速发展，目前我国制造业规模跃居世界第一位，已经建立起门类齐全、独立完整的制造业体系，成为支撑我国经济社会发展的重要基石和促进世界经济发展的重要力量。

新形势下，资源环境约束不断强化，劳动力等生产要素成本正在加快上升，投资和出口增速放缓，主要依靠低成本要素投入实现规模扩张的粗放型增长模式已难以为继。调整结构，转型升级，提高质量和效益已成为经济发展的主要目标。为此，急需加强制造业基础能力方面的科技创新，加强制造业经营管理模式创新，提高制造业智能化水平，加快新兴产业关键装备和绿色技术的研发。

在新一轮科技革命和产业变革中，建立起中国的竞争优势、提升中国的制造业，我们就必须深化改革。2017年7月19日，李克强总理主持召开国务院常务会议，部署创建"中国制造2025"国家级示范区，加快制造业转型升级。实施"中国制造2025"是落实创新驱动发展战略和制造强国战略的一项重要举措，是实现"稳增长、调结构、转方式、惠民生"的重要抓手，是应对内外部发展环境挑战的根本措施，是实现向"制造强国"转变的战略选择，对我国当前和未来经济社会发展具有重大的战略意义。

（一）"中国制造2025"的基本特点

"中国制造2025"的基本方针是创新驱动、质量为先、绿色发展、结构优化、人才为本。其基本特点如下：

1. 创新是主要核心。"中国制造2025"将创新摆在制造业发展全局的核心位置，并作为国家战略进行积极推进，强调完善以企业为主体、市场为导向、政产学相结合的制造业创新体系，推动跨领域、跨行业协同创新，突破一批重点领域关键共性技术，促进制造业数字化、网络化、智能化，走创新驱动的发展道路。

2. 新一代信息技术与制造业深度融合是一条主线。"中国制造2025"将更快速地带动信息化和工业化深度融合：信息技术向制造业全面嵌入将颠覆传统的生产流程、生产模式和管理方式，生产制造过程与业务管理系统的深度集成将实现对生产要素高度灵活的配置，实现大规模定制化生产。这一切都将有力推动传统制造业加快转型升级的步伐。

3. 智能制造是主攻方向。智能制造已成为全球制造业发展的新趋势，智能设备和生产手段未来必将广泛替代传统的生产方式。当前，我国在智能测控、数控机床、机器人、新型传感器、3D打印等领域已初步形成完整的产业体系。但总的来看，我国制造业仍以简单的扩大再生产为主要途径，通过智能产品、技术、装备和理念改造提升制造业的任务尤为迫切。"中国制造2025"将智能制造作为主攻方向，推进制造过程智能化，通过信息物理系统（CPS），利用物联网技术、软件技术和通信技术，加强信息管理和服务，提高生产过程的可控性，保证设计智能化、产品智能化、管理精细化和信息集成化，实现研发、生产、制造工艺及工业控制等环节全方位信息覆盖，确保各个生产制造环节都能处于最优状态，从而引导制造业向智能化转型。

4. 人才是根本保证。"中国制造2025"坚持将人才作为建设制造业强国的根本，通过建立健全科学合理选人、用人、育人机制，培养制造业发展急需的专业技术人才、经营管理人才、技能人才，营造大众创业、万众创新的氛围，建设一支素质优良、结构合理的制造业人才队伍，走人才引领的发展道路。

（二）"中国制造2025"与职业教育

职业教育是为制造业等实体经济培养输送技术技能人才的主渠道和主阵地。根据《中国统计年鉴》，2013年全国第二产业大约有2.32亿从业人员，平均受教育年限为10.2年。[①] 在这支产业大军中，经营管理人员、专业技术人员、技术工人等成了支撑制造业发展的主体力量。在这支人才队伍中，具有一定的专业知识和专门技能，主要在生产、服务、管理第一线上进行创造性劳动的技术技能人才数量最为庞大，是形成制造业人力资源优势的根本保

---

① 于志晶，刘海，岳金凤，等.中国制造2025与技术技能人才培养[J].职业技术教育，2015(21)：10—24.

障。2005—2014年，职业院校共培养了近8000万技术技能人才，每年培训各类人员1.5亿人次以上，成为产业大军的主要来源。据统计，在加工制造、高速铁路、城市轨道交通、现代物流、电子信息等行业中，新增从业人员有70%以上来自职业院校。要达到"中国制造2025"的要求，关键的因素主要如下[①]：

1. 加强统筹规划，落实政府发展责任。一是加强统一管理，在中央层面设立或指定专门部门或机构，使职业教育和培训统一归口管理，减少部门职责交叉和分散，克服政出多门、政策打架的弊端。二是加强同步规划，完善职业教育工作部际联席会议制度，协调各部门在规划"中国制造2025"重点领域的重大工程、专项计划的同时，规划职业教育，保证技术技能人才培养与制造业发展高度契合。三是加强分类指导，在职业教育发展方式和人才培养模式上，不搞一刀切，对不同地区、不同行业、不同层次教育、不同性质院校给予差别化指导，鼓励因地制宜发展、错位发展、特色发展。四是以地方为主，突出省级政府统筹，赋予政府在学校布局规划、招生考试等方面更多的权限，落实职业教育为地方服务的基本方针。

为支持制造业转型升级和经济发展方式的转变，培养大量符合"中国制造2025"战略需要的富有创新精神和能力的技术技能型人才，职业教育顶层设计必不可少。具体包括六个方面：

第一，政府成立统筹"中国制造2025"职业教育发展的管理部门。由于"中国制造2025"是一项复杂的系统工程，必须有教育、劳动保障、经济等部门以及各行各业的密切合作，联动推进职业教育的改革与发展，才能保证其规模、结构、质量和"中国制造2025"战略的需要相适应，建议充分运用职业教育部际联席会议制度，统筹协调各有关部门制定并落实"中国制造2025"战略的职业教育改革与发展政策，并进一步统筹协调教育、就业、培训、经济、行业等工作，在社会用人制度、行业企业指导和参与制度等方面，破解制约"中国制造2025"技术技能型人才培养和使用等方面的瓶颈问题。

第二，政府成立"中国制造2025"战略的职业教育改革与发展咨询机构，由制造业行业协会、大中型企业、职业院校与科研院所以及有关部委专家组成，对适应"中国制造2025"战略需要的职业教育发展规模和速度、专业技术人才和经营管理人才培养计划、专业和课程设置、质量评估和监测等方面开

---

① 于志晶，刘海，岳金凤，等.中国制造2025与技术技能人才培养[J].职业技术教育，2015(21)：10—24.

展研究、调查、咨询和评估，进而制定并落实适应"中国制造2025"战略需要的职业教育改革与发展的重大政策。

第三，政府建立以制造企业为依托的工作机制。政府要主动转变职能，下放权力，支持制造企业在"中国制造2025"涉及的"七大行业""十大领域"的专业布局、课程教材设计、教学实习、教师队伍建设等方面发挥行业指导作用，并积极通过财政、税收、保险、产权等制度创新，激励制造企业积极参与办学过程，鼓励"办校进厂""企业办校""校办企业""订单培养""学徒培养"等多种形式的校企合作。

第四，政府要积极建立以公共财政为主的多元经费保障制度。"中国制造2025"的功能定位决定了其成本远高于普通教育和其他类型的职业教育，需要强大的财政政策支持和充足的资源。政府要对配合"中国制造2025"战略需要的职业教育给予更多的专项财政投入，并借鉴国际经验，通过政策激励，引导大中型制造企业投资建立国家制造业创新中心，购置设备，负担专业实践课教师工资和学徒制培训津贴等。

第五，建立支持制造企业参与适应"中国制造2025"战略的职业教育资源开发和共享激励机制。建议设立中央和地方"中国制造2025"职业教育数据库，分门别类地收集我国制造企业的课程资源、师资资源、培训设备资源等，以减少信息不对称，便于优质职业教育资源共享。同时，政府应制定相应的政策，对一些积极投入建设教育资源的制造企业实行税收减免政策，在国家规定的2.5%范围之外，超过部分也应该享受减免税收政策。

第六，积极促进信息技术和职业教育深度融合，为培养适应"中国制造2025"战略需要的技术技能型人才提供重要的支撑。"中国制造2025"坚持以新一代信息技术与制造业融合为主线，将智能制造作为主攻方向，积极推动物理世界和信息世界以信息物理系统（CPS）的方式进行融合，在制造业领域实现资源、信息、物品、设备和人的互联互通，实现制造业智能制造。因此，促进信息技术和职业教育深度融合尤为重要。

2. 深化产教融合，推进"双主体"育人。大力实施校企合作，为培养适应"中国制造2025"战略需要的高素质技术技能型人才提供良好的环境。一是加快修订《中华人民共和国职业教育法》，明确校企合作培养技术技能型人才的责、权、利，提高职业院校校企合作法律保障水平。二是制定《职业学校校企合作促进办法》，明确行业企业参与技术技能型人才培养训的税收优惠、财政补贴等政策措施，促使企业和职业院校成为技术技能型人才培养的"双主体"，为校企合作开展的有关培训、课程建设、学生实习实训、教师实践等各方面活动提供法律依据和有力保障。三是对开办职业院校的企业缴纳的教育附加费实施返还制度。四是鼓励和支持制造企业、职业院校和应用技术大学等积极参与校企合作，规划建立一批制造企业和职业院校紧密合作的技术技能积累创新应用平台，推动职业院校进入制造业创新体系。五是充分发挥市场中介的积极作用。由于信息不对称会给校企合作双方的理解和沟通带来障碍，这就需要中介组织的积极协调。"中国制造 2025"中介组织的作用是，聘请国内一流的制造业领域专家通过调查研究，向制造企业、职业院校和应用技术大学提供有关校企合作的咨询和建议；收集制造企业、职业院校和应用技术大学需求信息，定期通过网站或其他媒介发布有关信息；根据校企双方的需求，为校企的合作牵线搭桥；对校企合作中出现的问题进行沟通、交流和指导。六是明确行业组织的权利和义务，通过政府授权委托、购买服务等方式，支持行业组织履行好发布行业人才需求、推进校企合作、参与指导技术技能型人才培养、开展质量评价等职责。

二、现代职业教育体系的建设

（一）建设职业教育体系的重要意义

构建现代职业教育体系是《国家中长期教育改革和发展规划纲要（2010—2020 年）》（以下简称《纲要》）提出的重大课题，是职业教育适应经济发展方式转变和产业结构优化升级要求，促进中等教育和职业教育协调发展的重要举措，也是落实教育部《关于推进中等和高等职业教育协调发展的指导意见》，系统培养为现代产业体系建设服务的数以亿计的高素质技术技能型人才的重点任务。

我国将形成现代职业教育体系作为职业教育发展的战略性目标，首先是转变经济发展方式和发展现代产业体系，对需要完善的现代职业教育体系给予有力的支撑。转方式、调结构、实施一系列重点产业振兴规划、发展战略性新兴产业和现代农业等，都迫切需要培养大量高素质技术技能型人才，这样才能尽快把经济增长从依靠增加人力资本数量转变到依靠提升人力资本质量上。其次，有利于建立终身教育体系和形成学习型社会。城市化发展、新农村建设、构建和谐社会都是建设现代职业教育体系的动力。要满足社会成员多样化学习和人的全面发展的需要，必须发挥职业教育面向每个人、服务区域、促进就业、改善民生的作用，完善现代职业教育体系提供的全方位服务。最后，有利于职业教育事业自身的可持续发展。完善的现代职业教育体系为职业教育事业自身的可持续发展提供了根本性的保障。一方面，在职业院校在校生规模实现大发展的情况下，迫切要求加强政府统筹管理，强化办学条件预警、学籍管理、校企合作管理、技术研发管理等系统建设；另一方面，职业教育由规模为主转向质量为重时，迫切需要完善职业资格证书系统，强化职业教育科研系统的支撑。此外，当前职业院校适龄生源成为一个突出的现实问题，不少职业院校面临生存问题，这就更加要求现代职业教育体系面向每个人、服务区域、科学发展。

（二）职业教育体系建设的主要内容

《纲要》对现代职业教育体系的表述为"到2020年形成适应经济社会发展方式转变和产业结构调整要求，体现终身教育理念，中等和高等职业教育协调发展的现代职业教育体系，满足人民群众接受职业教育的需求，满足经济社会对高素质劳动者和技能型人才的需要"。

当前，关于我国现代职业教育体系的内涵问题，学术界探讨的重要依据是《纲要》。许多学者认同《纲要》对我国现代职业教育体系内涵的界定，即"适应经济发展方式转变和产业结构调整要求，体现终身教育理念，中等和高等职业教育协调发展"，并从不同角度进行阐述。代表性的学者有马树超、范唯、郭扬，他们在《构建现代职业教育体系的若干政策思考》[1]《探索现代职业教育体系建设的基本路径》[2]《职教体系建设应加强顶层设计》[3]等文章中，从外部适应性、内部适应性和系统协调性等方面对我国现代职业教育体系的内涵进行解析，总结出这个体系的显著特征：外部适应性、内部适应性和系统自身协调性。上述特征既是现代职业教育体系的基本内涵，又是其本征功能（事物固有和根本的功能）。

现代职业教育体系的基本内容主要体现为三个要素，即"适应需求、有机衔接、多元立交"。现代职业教育体系的目标是中国特色、世界水准。

适应需求是在终身教育理念下的适应，现代职业教育体系更适应经济社会发展的需求，更适应现代产业体系建设的需求，更契合区域经济社会转型及产业升级对技能型人才培养的要求。[4]

---

[1] 马树超，范唯，郭扬.构建现代职业教育体系的若干政策思考[J].教育发展研究，2011(21)：7—12.

[2] 范唯，郭扬，马树超.探索现代职业教育体系建设的基本路径[J].中国高教研究，2011(12)：62—66.

[3] 马树超.职教体系建设应加强顶层设计[N].光明日报，2012-03-24(10).

[4] 王长文.构建现代职业教育体系的思考与实践——在现代职业教育体系建设国际职教论坛上的讲话[J].哈尔滨职业技术学院学报，2012(4)：1—3.

第一章　校企合作的理论依据、背景和意义

有机衔接是协调发展的重要载体和核心任务，应以课程衔接体系为重点，促进职业教育各领域相衔接，切实增强人才培养的针对性、系统性和多样化。有机衔接的第一个方面是职业教育各层次的定位与培养目标的衔接，中职、高职、应用型本科、专业学位研究生教育要把握好各自的发展定位，并建立人才成长通道。有机衔接的第二个方面就是整合，共享中职、高职、应用型本科专业学位研究生教育资源。有机衔接的第三个方面就是做好专业、课程、实训、师资等方面的衔接，使职业教育在人才培养各环节上建立衔接机制和发展通道。实践证明，与外部衔接是推动职业教育内部衔接的巨大引擎，经济社会发展迫切要求职业教育适应外部需求，迫切要求为经济社会服务。因此，有机衔接的第四个方面就是做好职业教育体系的外部衔接，使职业教育与经济社会发展的各个方面、各个领域、各个行业进行有机衔接，使职业教育与学历教育、职业教育与企业培训进行衔接，使职业教育与国际职业教育、国际其他教育进行衔接。

现代职业教育体系要建立职业人才成长的立交桥，一是建立中职、高职、应用型本科、专业学位研究生教育相互衔接的体系；二是建立职业教育与普通教育相互贯通的体系，实现各层次、各类型的团队培养、立体培养；三是建立学历教育与社会培训相互沟通的体系；四是建立中国职业教育与世界职业教育的通路。

（三）职业教育体系的建设路径

坚持"遵循规律、系统思考、服务需求、明确定位、整体设计、构建制度、分类指导、分步实施"的原则，积极探索形成现代职业教育体系的有效结构，逐步推进职业院校主系统协调发展和重心上移，着力完善管理系统、职业资格证书系统、法律制度系统和经费投入系统，加快建设科研支撑系统、师资队伍建设系统、学生职业发展和就业服务系统。在这样一个完善、合理的现代职业教育体系之内，技术技能型人才、高端技能型人才和应用型人才的培养要进行系统设计、实施，主要通过增强外部适应性、内部适应性、内在协调性三个基本路径来实现。

1.增强外部适应性的基本路径。体现与外界对接的要求，提升职业教育对经济社会发展的贡献度。职业教育作为与经济社会结合最为紧密的教育类型，必须密切关注区域经济发展方式的转变，积极响应产业结构调整，建立与本地区现代产业体系相适应的现代职业教育体系。因此，一方面要强调体系的开放性，强化学校与行业、企业合作；另一方面要密切关注区域经济发展方式的转变，响应产业结构调整。这是我们构建现代职业教育体系的逻辑起点，反映了职业教育发展的经济属性。

职业教育要坚持以服务、发展为主线，推动职业院校随着经济发展方式转变而动、跟着产业结构调整而走、围绕企业人才需求而转、适应社会和市场需求而变。具体而言，就是要在现代职业教育体系建设中，重点推进深化人才培养模式改革的"五个对接"，即专业与产业对接、课程内容与职业标准对接、教学过程与生产过程对接、学历证书与职业资格证书对接、职业教育与终身学习对接。

2. 增强内部适应性的基本路径。职业教育具有为经济发展培养技术技能型人才的经济属性，也具有承担育人功能的教育属性。育人是职业院校的根本任务，在强调就业导向的同时，必须坚持把育人放在学校各项工作的首位，既要加强学生的技能培养，又要从学生的全面发展出发培养他们的学习力，为其终身学习打下基础。因此，职业教育要从系统培养人才的角度制定和完善政策，营造职业教育发展的良好环境，增强职业教育的吸引力。这是构建现代职业教育体系的根本目的，即它的教育属性。同时，职业教育是面向每个人的教育，既是终身教育的主要内容，也是终身教育体系构建的重要环节。要建立面向每个人的学习制度，创新办学模式和教育内容，为不同教育对象提供量身定制的个性化模块，采取更加灵活的方式方法，为人们在不同的发展阶段提供相应的服务，使每一个社会成员都可以在这一体系内不受年龄、时间、空间的限制。为达到各自职业发展目标可以自主选择和有针对性地学习，比如多次学习、远程学习、非连续性的学习。

3. 增强内在协调性的基本路径。推进中等职业教育和高等职业教育协调发展，系统培养技术技能型人才。推进中等职业教育和高等职业教育协调发展，首先必须明确中等职业学校和高等职业学校各自的定位。中等职业教育作为高中阶段教育的重要组成部分，重点是培养技术技能型人才，需要改善办学条件，提高教学质量，在建设现代职业教育体系中发挥基础性作用；高等职业教育作为高等教育的重要组成部分，重点是培养高端技术技能型人才，要以提高质量、创新体制和办出特色为重点，努力建设具有中国特色、达到世界水准的职业教育，在现代职业教育体系建设中发挥引领作用。

其次，中等职业教育和高等职业教育协调发展是建设现代职业教育体系的关键路径，是系统培养技术技能型人才的重要前提，具有十分丰富的内涵。根据经济社会发展及其对技术技能型人才成长的特定要求，通过中等职业教育和高等职业教育在办学规模、教学质量、专业设置、层次结构、经费投入等方面的协调发展，实现中等职业教育和高等职业教育在培养目标、专业设置、专业内涵、教学条件等方面的延续与衔接；以职业资格证书等级系统为重要载体，实现中职学生与高职学生技能水平评价的互认衔接；以规范的专业教学标准建设为抓手，促进课程内容和职业资格标准融通，实现中职学校和高职学校专业课程体系和教材的有机衔接，探索中等职业教育和高等职业教育贯通的人才培养模式，体现现代职业教育的内在系统性。

同时，积极探索现代职业教育体系的向上延伸，这是经济社会发展的客观要求。当然，这种延伸是基于经济社会需求并因行业、产业而异的。当前，要通过应用型本科院校教育和职业院校教育培养高端技术技能型人才，系统提升职业教育服务经济社会发展的能力和支撑国家产业竞争的能力。要建立一套体现职业特点的中等职业教育、高等职业教育以及继续教育的课程衔接体系，鼓励毕业生在职继续学习，完善职业学校毕业生直接升学制度，为接受职业教育的学生提供完整的继续学习通道，搭建学生终身发展的"立交桥"，优化现代职业教育体系的发展环境。

当前，我国正处于加快转变经济发展方式的关键时期，职业教育已经进入以全面提高技术技能型人才培养质量为核心的改革发展新阶段。因此，必须加强现代职业教育体系建设的顶层设计，着力完善职业教育现代管理系统、职业资格证书系统、教学质量评价系统、法律制度系统和经费投入系统，加快建设科研支撑系统、师资队伍建设系统、学生职业发展和就业服务系统，为职业教育的持续健康发展提供强有力的支撑，为加快建设一支门类齐全、技艺精湛的高素质技术技能型人才队伍，形成我国技术技能型人才的竞争优势，完成由人力资源大国向人力资源强国的转变做出重要的贡献。

总之，建设现代职业教育体系，首先要建立健全政府主导的工作机制，其次要建立行业指导、企业参与的工作机制。行业组织最了解本行业领域的技术前沿、运行规律、人才需求、领先企业、发展趋势等情况，要利用这些优势，在专业建设、教学改革、实习实训、教材编写、教学资源建设、师资队伍培养等方面发挥重要作用。在经济结构转型升级时期，技术技能型人才的匮乏使企业参与人才培养的愿望和要求变得愈加迫切，企业又有参与职业院校人才培养的人力、技术、设备和场地资源，这都是职业教育校企合作的利益共同点。企业与学校的最佳合作模式是建立利益共享、责任共担的校企利益共同体，在校企利益共同体中，人力、技术、厂房、设备、资金管理、经营、价值观、文化等各种要素相互渗透、相互交融，经济利益、政治利益、社会效益实现共享。

第三节 校企合作的重要意义

职业院校所培养的人才合格与否,企业最有发言权;职业院校办学水平的高低要看其"产品"——学生是否受社会的欢迎。职业院校要培养高素质的技术技能人才,就必须依托企业的技术、设备、生产、工艺和管理优势,把学校的教育功能与企业的生产需求结合起来,使学校办出特色、学生学有特长,走上良性循环的发展道路。

一、校企合作是职业教育发展的价值取向

当前,我国的职业教育正处在加快发展的重要阶段,大力发展职业教育是建设人力资源强国的需要,"以服务为宗旨,以就业为导向,走产教(学、研)结合的道路"是职业教育的办学方针。职业教育主要培养技术技能型人才。这样的人才培养目标决定了学校要与企业紧密合作,走理论与实践相结合的道路。从封闭走向开放,学校与企业紧密合作是学校的发展战略。积极探索校企合作、工学结合的教育培养模式,推动职业教育从计划培养向市场驱动转变,从传统的升学导向向就业导向转变,全面提高学生的就业能力、工作能力、职业转换能力以及创新创业能力,建立和完善毕业生就业和创新创业服务体系,是目前职业教育最需要认真研究的课题。以就业为导向,推进校企合作、工学结合,是适应经济社会发展,提高毕业生就业率,满足企业人才需求,实现学校、企业双方受益、多方共赢的有效途径。校企合作不仅是职业教育的办学方式,还是职业教育的办学方向。落实以就业为导向的办学目标,要追求培养目标与岗位标准的"零距离",重视教育过程的"零距离"。在教学计划里,课程体系要遵循工作过程;在教学过程中,教学内容要覆盖岗位能力;在教育评价上,教育考核要达到能力的综合检验。上述要求如果没有校企合作,改革就难以完成。

对职业院校而言,走校企合作之路,争取并依靠企业的支持和参与,主动服务企业,是培养技术技能型人才、实现职业教育又好又快发展的根本途径。一手抓规模、抓速度,一手抓质量、抓内涵,两手都要"硬"起来,职业教育必须面向市场、开放办学、为企业服务。通过这些合作,可以建设供需对接的专业,推动课程改革,改善教师队伍结构,创新师资培训模式,建立稳定的实习实训基地,完善实践教学的条件,拓展教育和培训服务领域,提升教学

质量，推进"双证书"制度，进而提高自身的知名度和竞争力。

校企合作大大缓解了高职院校资金匮乏、实习设备老化的困境。由于各种因素，高职院校购置的实习、实训设备有的与企业所购设备存在一定的差距，而且学生学习的专业知识、掌握的专业技术也跟不上社会上的技术更新。有很多的学生到企业工作时还得重新熟悉机器，从头学习系统，此时往往会被戏称为"慢三拍"，这也是企业对职业教育最真实的评价。通过把企业引入学校，或在企业挂牌成立实习、实训基地，让学生在上学时就到能够到企业去实习、实训，不仅能让学生接触到最先进的设备、掌握最先进的技术，将来毕业时更快地投入企业的生产中，还能让学校节省一大笔经费。

校企合作有利于建设一支过硬的师资队伍。目前，职业院校的教师大多是从职业院校直接分配的，他们的专业水平高、理论知识丰富，但不足是知识应用能力不强、实际操作水平不高，这极大地影响了职业院校教学质量的提升。企业为职业院校提供实习基地，为广大教师特别是专业课教师参加实践和提高实践能力提供了条件与机会，对职业院校建立一支过硬的师资队伍有着十分重要的意义。实践证明，企业与职业院校进行校企合作并回报社会是一项具有重要意义的公益事业，是贯彻科教兴国和人才强国战略，促进和谐社会建设的有益实践和重要举措。从职业院校的角度看，它们希望以产学合作关系为纽带，进一步加强与企业的合作，在产学结合上取得突破，并实现学校与用人单位的"双赢"。

二、校企合作能够提升企业的竞争力

提高企业自主创新能力是建设创新型国家的需要，产学研合作是企业自主创新和发展的必由之路。当前，企业需要创新型人才和高技能人才，需要实用技术和科研成果的引进与转化。在这种情况下，与高等教育和职业教育合作逐渐成为企业的战略需求。面对高端、现代、新型、集约化的经济特点，企业必然需要高素质的劳动者和高质量的职业教育，也必然要依靠高水平人才进行技术创新。通过校企合作可使培养的人才更好地适应企业、行业、社会的需要，缩短就业"磨合期"，降低企业的培训成本和劳动成本，有力地提升企业的竞争力。

校企合作符合企业培养人才的内在需求，有利于企业实施人才战略。在职业教育中，技工教育处于企业需求最普遍的地位，与企业的关系尤为密切。企业积极参与举办技工教育，其核心动力来自企业对应用型人才的不懈追求。建设一支极具企业特色的应用型人才队伍，并不断给予补充，是企业实施人才战略的核心。因此，企业仅仅关注技工教育的发展还远远不够，因为极具企业个性特征的应用型人才通过"人才社会化"的渠道是无法培养出来的。也就是说，社会举办的技工教育无法直接为某一家企业培养和输送个性化的应用型人才。在这种情况下，企业要通过合作办学的方式，培养极具企业特色的应用型人才，这就是企业与职业院校合作举办技工教育的本质意义。企业这种参与举办技工教育的要求随着社会经济的发展会越来越强烈。

三、校企合作可培养学生就业能力和就业机会

职业院校加强校企合作，实行顶岗实习、半工半读，能够为学生提供实践锻炼机会。这样，实践过程也就成了教学过程和管理过程，学生在师傅的带领和指导下，把理论知识运用到实践中，并把在实践中的体验与理论进行对接，从而加深了对理论的理解，增强了应用知识和解决实际问题的能力。这样的实践活动能够激发学生的创造意识，提升学生的就业能力。

四、校企合作可为学生就业与职业院校招生提供便利

大中专职业院校传统的教育模式是在对学生进行两年的专业教育之后，利用第三年的时间安排学生到企业顶岗实习。由于部分职业院校设备与企业设备存在一定的差距，学生没能掌握专业技巧，虽然被推荐到企业，却因学非所用、用非所学，只能转行或从基层做起。这与家长和学生所抱有的期望相差很大，加上学费和生活费的压力，职业"招生难、就业难，就业难、招生难的恶性循环"的困境。职业院校通过"引厂进校""订单培养""联合办学"等多种校企合作方案，可以有效地解决学生就业、学校招生的两大难题。

第二章 我国校企合作机制的发展及现状

职业教育校企合作是一定历史条件下的产物，受既定历史条件的制约，又伴随着历史条件的变化发展而发展，对它的研究要置于历史的、动态的进程中，考察它的发展变化，进而研究它的新趋势和新特征。职业教育校企合作机制的历史演进过程也是一个制度化的过程，在校企合作实践推动和人为设计相互作用下，从松散状态逐渐发展到规范状态，形成整体、正式的规范体系。本章对校企合作机制的历史发展和现状进行分析。

第一节 我国校企合作机制的发展演进

一、计划经济体制时期的校企合作机制

（一）计划经济体制时期校企合作机制的发展背景

中华人民共和国成立初期，工农业生产的迅速发展迫切需要各种建设人才，尤其是重工业、国防、交通运输、农业和商业等方面的人才，主要培养技术员的中等专业教育和培养技术工人的技工教育适应和满足了经济发展的这一需求。从1949年开始，对原有的职业学校进行整顿和调整，明确培养技术人才是国家经济建设的必要条件，把发展方向定为以举办中级职业教育为主，按照专门化、单一化的原则进行设校和分科；除了发展正规的技术教育以外，还举办速成性质的技术训练班和业余性质的技术补习班。

1956年，在教育和生产劳动相结合的教育思想和方针指导下，职业教育校企合作以大规模的勤工俭学、半工半读的实践探索展开。

（二）计划经济体制时期的校企合作机制的特点

1.国家对校企合作起到主导作用

半工半读是针对当时国内存在的普及教育、解决教育经费不足、学生升学等问题展开的。在国家的号召下，学校办起了工厂，企业也开办了学校，学

生既要学习，又要参加生产劳动。这既满足了青年学生学习的需求，促进了教育的普及，实现了教育和生产劳动的结合，又为国家培养了大批技术工人、技术员。在计划经济体制下，校企合作处于一种高度集权管理的状态，没有按照市场需求开展合作，是一种国家调配计划，该时期校企合作的层次较低。

2. 校企合作的利益机制相对弱化

半工半读这一制度的推行范围不只局限在教育领域，还包括工厂、企业和机关。因而这一时期的校企关系不仅是职业学校和企业的关系，也是一种扩大化的教育与生产的关系。在这种国家政策推动下，学校和企业之间的利益机制被弱化，它们之间的合作最重要的是基于国家需求，对于职业教育而言，半工半读教育制度的实行确定了职业学校和企业的密切关系，探索出了多种校企合作的办学形式，如学校办厂、工厂办校、校厂挂钩等，初步形成了校企合作体制机制。

3. 企业作为主体为校企合作提供保障

半工半读是让学习者用一半的时间学习，用一半的时间劳动，强调的是学生通过工作获取报酬以完成学业，这是一种行政倡导的教育制度，也是工学结合的表现形式。[①] 在该时期，无论在学校、工厂、机关还是在农村，都比较广泛地采用半工半读的方式。在此时期，国家兴办了一些以行业为主体的中专、技工学校和半工半读学校、工人业余大学等，具有浓厚的计划经济色彩，这些教育机构有力地保障了半工半读的学校教育制度和半工半读的工厂劳动制度的顺利结合，行业和企业在育人过程中占据主导地位，为校企合作提供了保障。

二、经济体制转型时期的校企合作机制

（一）经济体制转型初期校企合作机制的发展背景

1977—1990年，我国处于经济体制转型初期，并先后经历了经济改革酝酿时期（1977—1979年）、改革开放初期阶段（1980—1990年）。

1978年12月，中共十一届三中全会召开，作出了"把工作重点转移到社会主义现代化建设上来"的战略决策，决定利用三年时间进行调整，改变国民经济严重失调的状况。从1980年开始，国民经济主要比例关系逐步改善，经济发展趋向稳定。

中华人民共和国成立后，经济发展存在着重速度、忽略经济效益的状况。"六五"初期，国务院提出经济发展以提高经济效益为中心，改变过去追求高速

---

① 徐涵. 工学结合概念内涵及其历史发展[J]. 职业技术教育，2008(7): 6.

度、高指标和高积累的做法，在宏观经济方面提出如下经济方针：（1）依靠政策和科学，加快农业发展；（2）把消费品工业的发展放到重要的位置，调整重工业的服务方向；（3）加快能源工业和交通运输业建设；（4）有重点、有步骤地开展技术改造，充分发挥现有企业的作用；（5）进行企业的全面整顿和必要改造；（6）坚持对外开放政策，增强我国自力更生的能力；（7）积极稳妥地改革经济体制，充分调动各方面的积极性；（8）提高劳动者的科学文化水平，大力组织科研攻关。这些方针为国民经济结构的调整和经济体制改革打下了坚实的基础。

改革开放初期，我国产教结合以适应经济结构调整需要为目标，紧密结合当地经济发展和劳动就业的需求，关注办学体制的变革，与行业企业的关系较为密切，制度框架也初步成形，国家不断出台相关方针政策以保障产教合作。"七五"期间，以公有制为主体、多种经济成分并存的所有制结构得到了发展；企业活力增强，一批大型国有企业开始向生产经营型企业转变，企业之间的混合兼并、联合发展较快；市场体系逐步建立和完善，市场的调节作用加强，工业生产的计划管理范围缩小，价格体系改革由调控为主转变为调放结合；对外开放，国民经济逐步从封闭转向开放。国家也逐步开始重视职业教育的发展，不断在政策文件中予以明确。

1983年，教育部、财政部等发布的《关于改革城市中等教育结构、发展职业技术教育的意见》明确了"国家办学与业务部门、厂矿企事业单位、集体经济单位办学并举的方针"，首次要求多部门合作制定产教发展规划。

1985年，《中共中央关于教育体制改革的决定》要求"充分调动企事业单位和业务部门的积极性，鼓励集体、个人和其他社会力量办学"。这个文件成为促进职业教育发展的里程碑，但是该时期的职业教育还处于传统职业教育模式，即重视理论，轻视实践，教学内容没有职业教育的特色，重视学科知识的系统性，忽视了知识的实践价值，以课堂为主，学校和企业没有真正深度合作，职业教育仍远离真实的职业世界。

1991年，《国务院关于大力发展职业技术教育的决定》提出，我国职业技术教育必须采取大家来办的方针，要在各级政府的统筹下，发展行业、企事业单位办学和各方面联合办学，鼓励民主党派、社会团体和个人办学；要充分发挥企业在培养技术工人方面的优势和力量。

1992年，国家教委党组《关于加快教育改革和发展的若干意见》再次明确要产教结合、企校合一。

1993年，《中国教育改革与发展纲要》强调，"发展职业技术教育要与当地经济发展相适应"，倡导联合办学、产教融合。

1998年,《面向二十一世纪深化职业教育教学改革的原则意见》提出,"教学工作必须贯彻产教融合的原则。"

改革开放以后,我国的经济迅速发展,随之而来的就是产业需要大批技术、管理和服务人才。当时,我国的高等教育的入学率较低,多数青少年只能在接受不同水平的中学阶段教育后便就业,为了提高他们的技术素质和职业能力,我国政府在20世纪80年代大力调整了中等教育结构。中等职业技术学校的数量由1980年的0.97万所发展到了1992年的1.78万所。在校生由1980年的226.2万人发展到了1992年的741.8万人。虽然我国职业教育在20世纪80年代得到了较大的发展,但是其规模和质量远远不能适应经济建设和青年就业的需求,在教育事业中仍是薄弱环节。当时,全国在同龄人中能接受系统的高中阶段正规的职业教育的人数只有12%,每年未升入高一级学校学习的小学毕业生和初中毕业生达1250万人,他们绝大多数是没有接受一定的职业教育和培训就进入劳动岗位的。

(二) 经济体制转型时期的校企合作机制特点

1. 行政指令推动校企合作的发展

改革开放初期,为了满足社会经济发展对职业技术技能型人才的需求,国家开始迅速恢复和发展职业教育,并提倡多部门、多行业等共同参与职业教育发展。依托行业和企业办学逐渐兴起,但是这种合作还是具有浓重的行政色彩,企业缺乏自主权,不是真正基于自身发展需求,校企之间的合作是行政指令推行的结果,具有一定的计划成分。

2. 校企合作以中职学校为主体

该时期,政府调动企事业单位和业务部门的积极性,鼓励集体、个人和社会力量办学,提倡各单位和部门自办、联合办学或者与教育部门合办各类职业技术学校。当时的职业教育以中等职业教育为重点,国家提出要发挥中等专业学校的骨干作用,积极发展高等职业技术院校,当时的高等教育的结构不合理,财经、政法和管理类的专业较为薄弱,专科和本科比例不合理。当时,中等职业教育的突出问题是师资严重不足,设备落后,而高等职业教育发展水平较低,校企合作以中职学校为主体,这对高技术技能型人才的培养是不利的。

三、社会主义市场经济体制时期的校企合作机制

(一) 社会主义市场经济体制时期校企合作机制的发展背景

从1991年至今,我国全面进入社会主义市场经济体制时期。随着市场

经济的发展，经济计划的制定趋于规范化，经济发展也逐步协调、稳定。从"八五"计划起，连续几个五年计划的制定和实施逐步改变了过去存在的计划编制反复无常和难以实施的状况，使经济计划从直接的指令性计划向间接的指导性计划转变。20世纪80年代以后，我国高等教育规模迅速扩大，其结构也逐步合理，发展重心不再过度偏向普通本科，这样有利于更多的毕业生去中小企业和乡镇企业就业。

1991年2月，国家体改委制定的《经济体制改革十年规划和"八五"纲要》提出了20世纪90年代中国经济体制改革的总目标是建立计划经济与市场调节相结合的经济运行机制。在企业发展方面，提出要建立适应社会化大生产发展的企业制度，除少数非竞争性企业外，大部分企业应该自主经营、自负盈亏、自我发展、自我约束，成为既有生机活力，又规范自身行为的商品经营者和生产者。

1993年11月，中共十四届三中全会通过的《中共中央关于建立社会主义市场经济体制若干问题的决定》指出，继续抓住国有企业这个建立社会主义市场经济体制的中心环节，深化改革，转换经营机制。

1995年起，国家将改革的重点转向了国有企业，促进市场经济体制改革全面向前推进。随着社会主义市场经济体制的建立和不断完善，计划经济时代下的高度集权式行政管理与市场经济的推行不相适应。对此，我国政府提出机构精简和部门职能转变的要求，行业管理部门被大量撤并，原来归于行业部门管理的职业院校被划到教育部和地方政府管理。另外，随着市场经济的迅速发展，企业转制也在进行，为了减轻企业负担，建立现代企业制度，企业自办的职业院校被剥离并划归地方教育管理部门。

1996年，《中华人民共和国职业教育法》第23条明确规定："职业学校、职业培训机构实施职业教育应当实行产教结合，为本地区经济建设服务，与企业密切联系，培养实用人才和熟练劳动者。"这在国家法律层面确立了职业教育人才培养的指导思想。我国职业教育在此法律框架下，在工学结合与校企合作方面积极开展实践，形成了多种职业教育人才培养模式。

1998年3月，以通过的国务院机构改革方案为契机，全国教育管理体制改革力度加大，大多数行业部门不再具有举办和指导职业教育的职能，相当一部分由行业企业开办的职业学校划归地方管理，招生用人机制和毕业生分配制度出现重大变化。缺少行业企业积极参与的产教融合困难重重。

2004年3月，《2003—2007年教育振兴行动计划》提出要以就业为导向，大力推进职业教育转变办学模式，加强与行业、企业、科研和技术推广单位的合作，推广"订单式"、模块式培养模式。2004年，《教育部、财政部关于推进职业教育若干工作的意见》指出，"要重视发挥行业办职业教育的优势作用，管理体制改革要有利于校企紧密结合，有利于加强行业、企业与学校的合作与信息交流，不要轻易改变职业学校和行业的隶属关系"。2004年9月，《教育部等七部门关于进一步加强职业教育工作的若干意见》指出，"推动产教结合，加强校企合作，积极开展'订单式'培养。"

2005年10月，国务院印发的《关于大力发展职业教育的决定》要求，"大力推行工学结合、校企合作的培养模式"，完善"政府主导、依靠企业、充分发挥行业作用、社会力量积极参与、公办与民办共同发展"的多元办学格局。产教结合在具体操作上要"与企业紧密联系，加强学生的生产实习和社会实践，改革以学校和课堂为中心的传统人才培养模式"，要"依靠行业企业发展职业教育，推动职业院校与企业的密切结合"。

2006年3月，教育部发布的《关于职业院校试行工学结合、半工半读的意见》指出，"进一步加强校企合作，加快推进职业教育人才培养模式的根本性转变。职业院校要紧紧依靠行业企业办学，进一步扩展和密切与行业企业的联系，加强教育与生产劳动和社会生产实践的结合，加快推进职业教育培养模式由传统的以学校和课程为中心向工学结合、校企合作转变"。全国职业院校开始实行工学结合、半工半读，并将其作为学校改革发展的基本方向。

2010年，《国家中长期教育改革和发展规划纲要（2010—2020年）》明确提出，"要建立健全政府主导、行业指导、企业参与的办学机制，制定促进校企合作办学法规，推进校企合作制度化"，为产教结合进一步指明了方向和目标。产教结合的相关法律法规建设、经费和政策保障也随之得到了有效推进。

2010—2011年，教育部在激励行业企业参与职业教育方面做了大量工作，并理顺了中高职管理体制，出台了《全国中等职业教育教学改革创新指导委员会章程》，2010年底批准成立全国财政职业教育教学指导委员会等43个行业职业教育教学指导委员会，至今已吸收了行业企业数百名专家。教育部门还联合人力资源和社会保障部等有关部门、教育学（协）会和行业协会，指导举办了十多轮职业教育与产业对话活动，并建立对话协作机制，更直接地畅通了产教合作渠道。[1]

这一时期，产教结合、校企合作成为改革发展职业教育的基本共识，产

---

[1] 余秀琴，荀莉，陈鸿. 我国产教结合、校企合作的历史发展[J]. 中国职业技术教育，2012(1): 33.

教结合、校企合作、工学结合、半工半读成为职业院校改革发展的基本方向，产教结合在职业教育多元办学格局中得到强化，体制机制建设逐渐完善，在国家战略中的地位逐步提升。行业企业逐渐成为产教结合的主体，这一阶段的校企合作总体上延续了政府主导的发展模式，各级政府的宏观协调能力增强，各省市、各行业企业积极开展具有区域和行业企业特色的产教结合实践。有代表性的产教结合理念在有关职业教育的方针政策中进一步体现并得到了战略性的提升。

（二）社会主义市场经济体制时期的校企合作机制特点

1. 逐步建立有效的约束机制

产教结合、校企合作的基本制度建设得到加强，发展职业教育的法律制度环境逐步完善，战略规划逐步加强。近年来，产教结合、校企合作成为中国特色的职业教育，其探索成果与经验，在职业教育办学体制中得到明确，行业企业与职业教育的合作迈上了新台阶，改革发展环境趋好。

2. 政府为校企合作提供制度保障

随着教育规划纲要的出台，产教结合、校企合作步伐加快。当前，产教结合、校企合作已经成为职业教育改革发展的基本经验，也是未来十年职业教育改革发展的主要方向，产教结合、校企合作的战略地位基本确立。产教结合、校企合作的机制逐步完善，职业教育与行业企业合作迈上了新台阶。"政府主导、行业指导、企业参与"的办学机制的确立成为产教结合、校企合作发展的重要制度保障。在政府主导下，行业企业参与职业教育的积极性提高，产教结合、校企合作机制逐步完善。

3. 政府对校企合作影响深远

20世纪90年代初，我国企业开始加快体制改革，建立现代企业制度，在这一过程中，企业自办的职业技术学校逐步从母体中剥离出来，完全将职业院校推向教育部门，削弱了教育与企业之间的天然联系，使职业教育逐渐远离企业和市场。2004年开始，教育部门开始出台鼓励性政策，鼓励校企合作和产教融合。该阶段产业和教育的关系逐渐密切，企业在职业教育体系中的地位得到凸显，校企合作的内涵与概念逐渐清晰，制度和政策、法律保障初步成形。通过实施国家以及省级示范性职业院校建设计划，注入建设资金，提出考核要求，校企合作在深化职业院校教育教学改革、创新人才培养模式、建设高水平的专职兼职教学团队、提升社会服务能力和培育办学特色方面发挥了很大的作用。[①]

4. 校企合作的模式多样化

20世纪90年代中期以来，各省市、各个行业都积极开展具有区域和行业企业特色的校企合作实践，各职业院校积极探索学校办学和企业发展之间的关系，职业院校打破了封闭模拟状态，通过订单培养、分阶段培养、职教集团等模式，使人才培养贴近企业需要，企业也根据学校的需求，共建实训基地，增加设备投入，参与制定人才培养方案，开发课程，企业专家兼任学校教师，校企之间关系紧密，走向融合，有的已经出现一体化的关系。[②]以学校为主导、以行业企业为主体的局面逐渐形成。职业教育专家、学者也加强对校企合作的理论和实践的研究，理论和实践紧密联系。

5. 校企合作收到了明显的成果

该时期，职业院校和企业之间的关系更加紧密。职业院校依靠行业企业办学，注重企业需求和生产实际对学校办学的引领。职业教育人才培养模式发生了根本性的转变。在办学定位上，适应地方经济和社会发展需要，依托行业，服务一线；在专业设置上，针对地方和行业阶段性发展需要，围绕行业开办专业，面向市场培育人才；在人才培养模式上，探索产学活动规律的结合点，形成各具特色的教学模式；在教学内容和课程体系上，设计以技术应用能力培养为重点、知识与能力并重的教学内容和课程体系；在教学活动中，构建理论与实践结合的教学体系；在实践教学上，改革实验实习，强化实训环节，增加经费投入，加强基地建设。此外，通过发展校办企业、开展技术服务、建设联合项目、合作研发产品、实施岗位培训等多种形式和途径进行校企合作，取得了明显成效。职业教育的人才培养由以学校为中心转向学校和企业共同培养和管理。教学目标更加注重学生适应企业工作岗位的实践能力、专业技能、敬业精神和职业素养。教学内容也是及时根据企业发展需求，突出实践技能的教学。校企合作的深入推进使学生能在学校和企业两个场景中各取所需，使职业教育人才培养不再远离真实的职业世界，真正凸显了职业教育的本质属性。

总之，从产教结合、校企合作的历史发展可以看出，产教结合、校企合作是经济社会发展与技术技能型人才培养相结合的必然产物。我国产教结合、

---

① 贾慧. 校企合作的概念界定及其相关理论探讨 [J]. 天津职业大学学报，2013(22): 23.

② 张英杰, 徐涵. 校企关系嬗变历程视角下我国校企合作关系的探索 [J]. 职教通讯，2010(10): 25.

校企合作随着社会发展而发展，职业教育在经济社会发展不同阶段进行适应性探索和发展。

第二节　我国校企合作的现状分析

进入 21 世纪，中国职业教育的发展迎来了春天。国务院相继发布了《关于大力推进职业教育改革与发展的决定》（2002）、《关于大力发展职业教育的决定》（2005）两个重要文件，并采取多项举措大力推动职业教育改革和创新发展。我国职业教育取得了举世瞩目的成就。在政府推动、学校主动及企业需求增长三要素的作用下，职业教育校企合作的规模不断扩大，校企合作的形式也更加多样化。

一、实现职业教育集团化办学

职业教育集团化办学是指以一个或若干个发展较好的职业院校或其他从事职业教育与培训的组织为核心，以集团章程为共同行为规范，通过资源整合、重组和共享实现的产学深度融合、校企深度合作的职教办学模式。一些地方行业组织开始逐渐介入职业教育领域并发挥一些积极作用。

二、采取订单式人才培养模式

订单式人才培养模式是产学结合、校企合作的一种常见模式，是学校与企业根据社会和市场需求，签订人才培养协议，共同制订人才培养计划，利用学校和企业双方资源组织教学，学生毕业后直接到企业就业的人才培养模式。其基本特点是校企双方合作按合作企业要求培养人才，主要有"2+1""2+0.5+0.5""2.5+0.5"等形式，一般包括达成订单、招录学生、实施培养、上岗考核、岗后关注五个环节。这种培养模式培养出来的学生适应合作企业岗位能力强，所学即所用，缩短或者消除岗位适应期，能够减少企业的运营成本，是许多企业乐于接受的一种校企合作模式。

三、地方校企合作多样性实践探索

2005 年以来，各地积极实践探索职业教育校企合作，不断拓宽合作的领域，扩大校企合作范围，加深合作程度，积累了许多实践探索的经验，如"校企共同体""校企合作联盟""企业校区""校企一体"等。

2007年，浙江省海宁市中等职业学校与行业企业联合创建"区域性校企合作联盟"。该联盟由海宁市会计协会、汽修协会、包装印刷协会等5个行业协会，4个市及镇工业园区，19家企事业单位与6所职业教育机构组成。联盟的合作内容主要包括招聘代理、定向培养、实施培训和跟踪服务四个方面。

青岛港湾职业技术学院依托企业办学优势，探索"校企一体"的深度合作。青岛港湾职业技术学院属于行业办学。青岛港的公司都成为学院的实习基地，作业现场成为学院的教学课堂，生产机械是学院的实习设备，企业技能人才是学院的指导教师。学生可在"真实生产环境、真实生产设备、真实生产操作"中"干中学、学中干"。"校企一体"的办学模式实现了"把学校办到港区""把课堂搬到码头""教师进码头""能工巧匠上讲台"学生"顶岗实习"与就业结合，使学校、企业、学生三方利益一体、目标一致。

杭州职业技术学院秉持"立足一个企业、面向整个行业"的理念，选择与区域主导产业中的主流企业合作，建立利益实体，探索出"校企共同体"的校企合作新模式。学校与区域主导产业的主流企业以合作共赢为基础，以协议形式缔约建设相互联系、相互开放、相互依赖、相互促进的利益实体，形成以共同规划、共构组织、共同建设、共同管理、共享成果、共担风险为特点的运行机制。

四、目前我国校企合作的政策

在法规方面，1996年颁布的《中华人民共和国职业教育法》（以下简称《职业教育法》）明确规定了"职业学校、职业培训机构实施职业教育应当实行产教结合""与企业密切联系，培养实用人才和熟练劳动者"。《中华人民共和国教育法》《中华人民共和国高等教育法》规定，企事业单位有参与和支持职业教育、为本单位职工提供职业培训的责任，并鼓励职业学校"校企合作"。2007年8月颁布的《中华人民共和国就业促进法》规定，"职业院校、职业技能培训机构与企业应当密切联系，实行产教结合，为经济建设服务，培养实用人才和熟练劳动者"。2009年宁波市出台了《宁波市职业教育校企合作促进条例》，这是国内第一部校企合作的法律文件。有宁波市的先例之后，我国河南、山东、苏州等20余个省市也相继颁布了地方性校企合作法规或规章。从国家层面的法律法规到地方的职业教育校企合作相关法律法规的出台，有力地推动了职业教育校企合作的发展。

在政策方面，我国颁布出台的校企合作相关政策数量大，且出台了许多促进和指导校企合作的专项政策。其中既有国家层面的政策，又有各部委出台的专项政策；既有规范性政策，又有指导性政策。

相关国家政策对如何促进校企合作制度化做出了明确的安排。2014年，《国务院关于加快发展现代职业教育的决定》指出，"突出职业院校办学特色，强化校企协同育人。健全企业参与制度。研究制定促进校企合作办学有关法规和激励政策，深化产教融合，鼓励行业和企业举办或参与举办职业教育，发挥企业重要办学主体作用。"

在国家的大力推动下，我国教育部与人力资源和社会保障部、财政部、国家发展改革委等部门单独或联合发布了一系列指导性政策文件，均提出要充分发挥行业企业作用，积极推进校企合作，健全校企合作机制。同时，我国还发布了多项专门针对职业教育校企合作的政策，内容主要涉及两个方面：一方面是确立行业企业在职业教育中的作用和职责，促进行业企业在职业教育中发挥指导作用；另一方面是确立和丰富职业教育校企合作形态，包括订单培养、半工半读、顶岗实习、集团化办学、现代学徒制等。

随着我国职业教育校企合作实践的不断深入，我国也逐渐注重职业教育校企合作的规范化建设，通过制定规范、标准，注重量化，规范和引导校企合作。例如，2007年《教育部关于制定中等职业学校教学计划的原则意见》要求"学校和实习单位要按照专业培养目标的要求和教学计划的安排，共同制定实习计划和实习评价标准，组织开展专业教学和职业技能训练并保证学生顶岗实习的岗位与其所学专业面向的岗位群基本一致"，"顶岗实习一般按每周30小时（1小时折算1学时）安排，在确保学生实习总量的前提下，学校可根据实际需要，集中或分阶段安排实习时间"。2011年，我国启动了高等职业学校专业教学标准制（修）定工作，由教育部组织成立教学标准开发组，要求必须有行业企业专家参与。2012年，教育部发布涉及18个大类的410个高等职业学校专业教学标准。在中等职业学校专业教学标准开发中，纺织服装、电力、粮食、电子商务、餐饮等44个行业教学指导委员会参与了标准的调研、制定和审定工作。

此外，我国还将校企合作列为职业院校建设水平的重要考量指标，如在学校设置校长任职标准、人才培养评估标准、专业设置标准等，在示范性院校遴选标准中，将实施校企合作人才培养模式、建立校企合作组织管理机构、加强实习实践教学资源建设等列为重要评价或遴选指标。

第三章　校企合作主体的利益诉求与权责分配

校企合作作为职业教育研究的热点和提升职业教育质量的关键，同时也是职业教育改革与发展的难点。校企合作要想深入发展就必须解决企业与职业院校利益结合点不统一、各自责任与权利定位不明晰、企业参与合作的积极性不高、校企合作的效果不明显等问题。因此，必须厘清企业与职业院校作为校企合作利益主体的关系，明确校企双方的责任，实现双方的责、权、利配置均衡，在实践中进一步推动校企深度合作，促进我国职业教育的发展。本章对校企合作中企业与职业院校的利益诉求和权责分配进行分析。

第一节　校企合作中企业与职业院校责权关系的演变与建构条件

一、企业与职业院校在责权关系上的演化

伴随着职业教育的发展和社会经济环境的变化，校企合作中企业与职业院校的责权关系逐步演变，并呈现出较为明显的阶段特征。职业教育校企合作双方的责权关系演变可以划分为三个阶段：计划经济体制下的行政干预、转型时期与所属企业的关系逐渐弱化以及社会主义市场经济体制下的产教深度融合。在不同的时代背景下，企业与职业院校在合作中的责权关系由企业主导、责权明晰逐步过渡到企业配合、依存关系逐渐弱化。发展至今，企业开始重新发挥职业教育重要办学主体作用，双方在对等的基础上责任共担、利益共享。

（一）计划经济体制时期行政干预的校企合作

从中华人民共和国成立初期到 20 世纪 80 年代中期，职业教育校企合作有了初步的发展。计划经济体制下，国家对企业举办职业教育高度重视并施予行

政命令，职业教育的发展满足计划经济需要，为企业服务。[①]在此时期举办职业教育是企业的重要社会责任之一，企业承担了职业教育职能，在举办职业教育过程中占主导地位。职业院校是"附属"于行业企业而存在的，即一种在政府干预下通过行政命令手段形成的相互依存的一体化关系。企业统一执行国家下达的计划指令，财产权和产品全归国家所有，企业没有经营自主权，因此企业只需完成计划内的任务，对于经济效益无须考虑。对职业院校来讲，这一时期国家对学校的结构、类型设置、教学计划内容乃至招生计划和学生毕业分配都统包统管，因此企业参与职业教育就完全没有后顾之忧。可见，此时的校企合作是在充分体现企业利益诉求的基础上进行的，从招生到就业，人才培养的全过程与企业紧密联系。例如，学校的人才招录指标、对象、专业设置等因行业企业需要而定，专业教学内容尽量体现行业企业新工艺、新技术，专业课的兼职教师由行业主管部门选派。在实习就业方面，政府部门对毕业生实习统一分配，在某种程度上统一招生与分配制度保障了企业办学的利益和积极性。

这一时期职业院校与企业分别由教育部门与业务部门统一领导与管理。清晰的职责分工避免了教育部门与业务部门在职业教育办学中的责权相互混淆，保障了业务部门与教育部门、行业企业与职业院校间的合作效率。此时，校企两者之间的合作是分工明确、职责清晰的。但这一时期的合作不是利益主体之间的合作，所有部门之间的合作几乎不存在利益冲突，不能完全按照市场需要合作，只能根据国家调配计划合作。[②]

（二）转型时期学校与企业合作关系弱化

自 1984 年开始，经济体制改革的市场导向日趋明显，1993 年，党的十四届三中全会上通过了《中共中央关于建立社会主义市场经济体制若干问题的决定》，为中国的经济体制改革制定了总体规划和行动纲领。在经济体制转型时期，职业教育得以快速发展，追求利益最大化成为企业经营的重要目标。我国在由计划经济体制向社会主义市场经济体制转型时期，企业的市场化使政府对企业的计划调控逐渐弱化，计划式的校企合作方式已不适应经济发展要求，慢慢被以市场需求为导向的校企合作模式所代替。企业与职业院校的依存关系逐渐弱化，基本成为企业配合的单向性浅层次合作。随着计划式的校企合作机制

[①] 兰小云.行业高职院校校企合作机制研究[D].上海：华东师范大学，2013：30—42.

[②] 江苏省高等职业教育研究会.创新发展优化提升江苏省高等职业教育改革与发展重大课题研究[M].南京：南京大学出版社，2012：234—236.

的逐渐消失，校企合作的紧密关系也逐渐弱化。一些国有企业在转型初期效益不稳定、经营不适应，难以保证企业具备举办职业教育的社会责任意识。同时，有关校企合作的法律法规尚未建立，尽管在大力发展职业教育的背景下，教育主管部门出台了一系列导向性文件，认识到校企合作在保障职业教育质量并形成自身特色中的重要作用和地位，但在立法方面对校企合作责权分配仍然缺乏规范性。1996年，我国颁布了《中华人民共和国职工教育法》，对企业参与职业教育的职责和行为有所要求，但相关条款并不具备强制性和约束性，又无激励政策的保障，致使职业院校与所属企业的关系逐渐疏远。与此同时，我国对技术要求不高的企业经营模式使企业从大规模的农民工劳动力市场就能找到所需的劳动力，加之国有企业减员增效，职业院校培养的毕业生很难再进入企业就业，因此此时的企业对高技术技能人才的需求也不高，校企双方难以找到利益的结合点，合作关系日益松散。

（三）社会主义市场经济体制时期展开产教融合

进入21世纪以来，我国社会主义市场经济框架逐步确立。到2002年，我国社会主义市场经济体系框架已基本确立。2003年，党的十六届三中全会正式提出要深化完善社会主义市场经济体制改革。此时，职业教育在促进国民经济发展中的推动作用日益显现，政府对职业教育的重视程度不断加大。但是为了适应经济体制转型，职业教育必须对原有的运行机制进行深化改革。经历了由规模扩张到内涵建设时期，至此，职业教育取得了巨大的发展成果，职业院校开始探索与实践新型校企合作，一些创新成果不断出现，校企合作逐渐走向以市场机制为基础的合作，在政府的宏观调控下，本着自愿互利、风险共担、利益共享的原则进行广泛的合作。职业院校与主管部门之间的关系逐渐好转，校企合作得到了进一步加强。但是在粗放型的经济增长方式下，这一时期的企业与职业院校的合作大多集中在一些浅层次的范围，如订单培养学生顶岗实习等。在职业技术能力培养方面，双方的育人责任难以实现。

随着走新型工业化发展道路的经济发展方式的转变，对人才的知识、技术、技能和创新能力等提出了更高的要求。2005年，国务院出台了《关于大力发展职业教育的决定》（国发〔2005〕35号），要求大力推行工学结合、校企合作的培养模式，推动职业院校与企业的密切结合，强调企业有责任接受职业院校的学生实习和教师实践。在这一时期，企业迫切需要大量熟悉新技术、操作新设备的应用型人才。在国家政策的引导下，越来越多的企业开始关注与职业院校的合作，提前介入学生培养的全过程，校企合作逐渐深化。一些职业院校也逐渐认识到重新定位与企业关系的重要性，充分发挥自身优势，开始寻找新的校企合作利益结合点，从单纯的学校或学生获益向校企双赢转变。此时，由企业主导的校企合作已转变为院校主导的校企合作，两者在合作利益认知上存在差距，双方利益期待难以满足。

如今，我国职业教育校企合作在不断反思和创新中逐步走向融合。加快推进现代职业教育发展，"产教融合""校企合作"成为助力产业结构调整的重要保障，促进了我国经济的转型发展。推进"产教融合""校企合作"的思路应当是企业积极发挥职业教育重要办学主体作用，与学校建立更加紧密的合作关系，企业在多年的合作过程中感受到职业院校在培养高技术技能人才、应用研究等方面的优势，参与校企合作的积极性逐步提高。与以往都不同的是，在这一阶段，双方在校企合作中的责权关系应当是平等互利的，而不是附属或主导性关系。职业院校与企业应共同承担培养高技术技能人才的责任，因而双方要在利益双赢的基础上创新合作模式和运行机制，保证合作过程中双方各自应承担的责任以及相应的权利。

二、构建校企合作中企业与职业院校责权关系的相关条件

校企合作是企业和学校两个不同利益主体之间的合作，合作中必然存在双方责、权、利的协调与配置问题。通过对校企合作中双方责、权、利关系的分析，归纳出构建校企合作中企业与职业院校责权关系的三个条件。

（一）校企双方在利益诉求上是相同的

职业院校与企业是校企合作的两个直接主体，职业院校追求社会效益的最大化，以获得更多的教学资源，提高人才培养的质量，企业主要是营利性组织，追求经济效益的最大化，是推动企业参与校企合作最重要的动力之一，以从合作院校中获得高素质技术技能人才和高质量的技术服务为目的，属于长远利益。虽然双方各自追求的目标不同，但是职业院校和企业在近期利益和长远利益上有着共同的利益基础，校企双方在资源上能够取长补短，在利益上能够共赢共享。合作双方各自的利益也通过各种不同形式的调整而得到综合表现，从而凸显了校企合作能得到的收益。

职业院校通过校企合作实现利用企业信息优势和人才质量标准，调整专业设置、人才培养目标和规格要求，获得经费、设备支持，共建共享实训基地。企业提供就业机会，具有科研合作意愿，共建研发中心，共享科研合作成果。教师到企业培训。企业可以通过合作获得生产一线的技术技能型人才，获得学校的技术支持，协助新产品研发，获得良好的社会声誉和企业员工在职培训的机会，期望能获得质量的决策咨询与管理建议等。这些利益固着点会促使

职业院校和企业的合作走向深入并持续发展。因此,以共同利益诉求来驱动利益主体双方合作,调动企业和职业院校合作的积极性,实现利益共赢是十分必要的。只有校企双方的需求都能得到一定程度的满足,双方的合作才能得以延续和发展。

(二)校企双方需要共同承担相关责任

校企双方的责任充分实现,应该是满足彼此利益诉求的前提和条件。校企合作应当是以校企双方利益为基础的责任共担、利益共享的利益共同体。企业在承担职业教育责任的过程中,也有获取相应利益的权利。可以说,获取利益是企业承担职业教育责任的必要条件,而共同承担责任是双方合作的先决条件。

企业的社会责任是企业在资源配置过程中"权利"与"义务"交换关系的结果。[①]企业在享受社会赋予的财产、生产经营、法律保护等权利的同时,必须承担社会责任,尽社会义务。企业的教育责任作为企业社会责任的一部分,应当指向的是企业的职业教育责任。因为企业的教育活动基本上都指向职业活动,具有很强的职业导向性。因此,在这一层面上,企业的教育责任可以认为就是职业教育责任。[②]企业的教育责任即协助职业院校共同完成人才培养任务,指企业参与职业院校教育教学过程的各个方面,包括与学校共同培养高质量的技术技能型人才,参与学校的招生、教学专业的设置、课程内容的制订、教育教学的实施以及学生的考核评价等环节,并在合作中有意识地对风险进行规避,以保障自身及学校权益。

从校企主体在合作中的关系演变来看,学校自身难以完成职业教育任务,技能型需要企业承担部分责任,以弥补学校职业教育的不足。那么,企业应该承担多少责任、可以承担哪些责任、以什么形式承担责任,就成为亟待解决的问题。

(三)校企双方共同享有相关权利

权利分配是校企合作的关键问题。之所以强调企业具有职业教育权利,是为了保护企业或职业院校的正当利益。权利的基础是利益。[③]甚至可以说,权利也是一种利益。[④]在校企合作的过程中,双方都承担了责任,这种权利的

---

① 李立清,李燕凌.企业社会责任研究[M].北京:人民出版社,2005:22—26.

② 聂伟.论企业的职业教育责任——基于企业公民视角的校企合作研究[D].天津:天津大学,2013:11—13.

③ 梁上上.利益的层次结构与利益衡量的展开——兼评加藤一郎的利益衡量论[J].法学研究,2002(1):52—65.

④ 劳凯声.变革社会中的教育权和受教育权:教育法学的基本问题研究[M].北京:教育科学出版社,2003:137—138.

获取是对承担的职业教育责任的有效补偿。企业与职业院校在合作中享有平等的权利。企业的职业教育权利应主要围绕人才培养过程而言。根据人才培养的顺序可以将企业的职业教育权利归结为知情权，即企业具有了解学校的基本信息以及人才培养规划、招生等信息的权利；行动权，指企业有共同参与人才培养全过程的权利，如教学计划制订、课程开发、教材编写和考核评价等；决定权，指企业在承担责任的前提下为了保证自身的正当利益而准予活动实施或不能实施的权利。

知情权、行动权和决定权构成企业职业教育权利的基本形态。但并不是说提到教育利益就必然包括这三种权利，在通常情况下，教育利益往往只突出地表现为其中一种权利，或以三种权利混合的方式呈现出来。[①] 在当前校企合作的过程中，企业所获得的权利还很有限，与承担的职业教育责任相比，企业缺乏相应的权利。

第二节 校企合作利益主体责权配置的困境与原因分析

职业教育校企合作的良性发展离不开校企双方对相互利益、责权关系的处理。为了对校企合作主体的利益诉求与责权配置现状有更清晰的了解，笔者专门对某地5所职业院校与合作企业进行抽样调查，并对所获得的调查结果做了统计分析。调研对象为职业院校校企合作负责人以及企业校企合作负责人，并以随机抽样的方式对各学校的100余名校企合作任课教师进行了调查走访，发放问卷共计200份，实际回收了174份，回收率为87%。其中，有效问卷140份，有效回收率达到80%。在分析和总结调查结果以及前期研究的基础上总结了校企合作双方责权不清的现实困境，并对其进行归因分析。

一、校企合作双方利益诉求与责任的现状调查

为了了解目前职业院校与企业合作的原因、方式、程序，双方在校企合作中的利益诉求，双方在合作中承担责任的情况，分别对职业院校校企合作负责人、教师以及合作企业进行问卷调查与访谈。通过SPSS20.0统计软件中的T值检验分析法及Excel软件对回收的有效问卷进行分析，得出校企合作双方

---

① 曲正伟.教育利益论关于教育系统的生存危机与自我确认[M].长春：东北师范大学出版社，2010：62—65.

在利益诉求与责任分配方面期望值差异性水平，并分析校企合作利益与责权分配现状和影响因素。

（一）企业利益诉求期望值差异性比较

从学校为企业提供高质量的决策咨询与管理建议、根据企业的特殊需求提供人才培养服务、向企业开放学校资源等七个方面形成统一量表向双方发放，以此对企业利益诉求期望值符合程度进行调查。表3-1的统计结果显示，按照不同标准划分的不同组别的企业利益诉求期望值符合程度与职业院校责任承担的符合程度存在显著差异。

表3-1 企业利益诉求期望值的独立样本T检验

统计项	方差方程的Levene检验		均值方程的T检验	
	T	Sig.	t	Sig.（双侧）
企业利益诉求	21.4	0.00*	−3.52	0.001**

注：* 为在0.05水平上显著差异，** 为在0.01水平上显著差异。

从表3-1可以看出，企业利益诉求的期望值符合程度与高职院校承担责任的符合程度存在显著性差异，校企合作企业利益诉求期望值与高职院校承担责任情况符合程度不高。

（二）职业院校利益诉求期望值差异性比较

将职业院校的利益诉求划分为三个维度进行测量，分别为运行与管理、育人机制、技能与意识，以此形成统一量表向双方发放。表3-2至表3-4的统计结果显示，职业院校在各维度上的得分均值都低于企业。通过T检验的结果得知，在运行与管理和育人机制方面，职业院校与企业存在显著性差异，在技能与意识方面双方并无明显差异。通过进一步比较分析发现，在育人机制方面双方差异性最高。

表3-2 校企合作运行与管理期望值的独立样本T检验

统计项	方差方程的Levene检验		均值方程的T检验	
	T	Sig.	t	Sig.（双侧）
运行与管理	2.763	0.102*	1.946	0.046*

注：* 为在0.05水平上显著差异。

表 3-3 校企合作育人机制期望值的独立样本 T 检验

统计项	方差方程的 Levene 检验		均值方程的 T 检验	
	T	Sig.	t	Sig.（双侧）
育人机制	2.931	0.092*	1.968	0.044*

注：* 为在 0.05 水平上显著差异。

表 3-4 校企合作技能与意识期望值的独立样本 T 检验

统计项	方差方程的 Levene 检验		均值方程的 T 检验	
	T	Sig.	t	Sig.（双侧）
技能与意识	0.029	0.865*	2.079	0.052*

注：* 为在 0.05 水平上显著差异。

（三）校企合作现状与影响因素调查

如图 3-1 所示，比较两组统计数据可以看出，在被调查的企业中，有 50% 的企业认为双方难以找到合作的利益结合点是制约校企合作的主要因素，在四个因素中选择比例最高，高职院校在此选项中所占的百分比与企业基本一致。另外，所占百分比较高的是纠纷没有适当的解决办法以及缺少法律、政策支持保障。在企业经济利益至上问题上双方所选百分比差异最大，分别为 6% 和 53%，并成为高职院校方所选比例最高的选项。由此可见，目前校企合作还存在多种制约因素，主要有双方在共同利益认识方面还存在差距、双方合作更多的利益契合点有待寻找等。

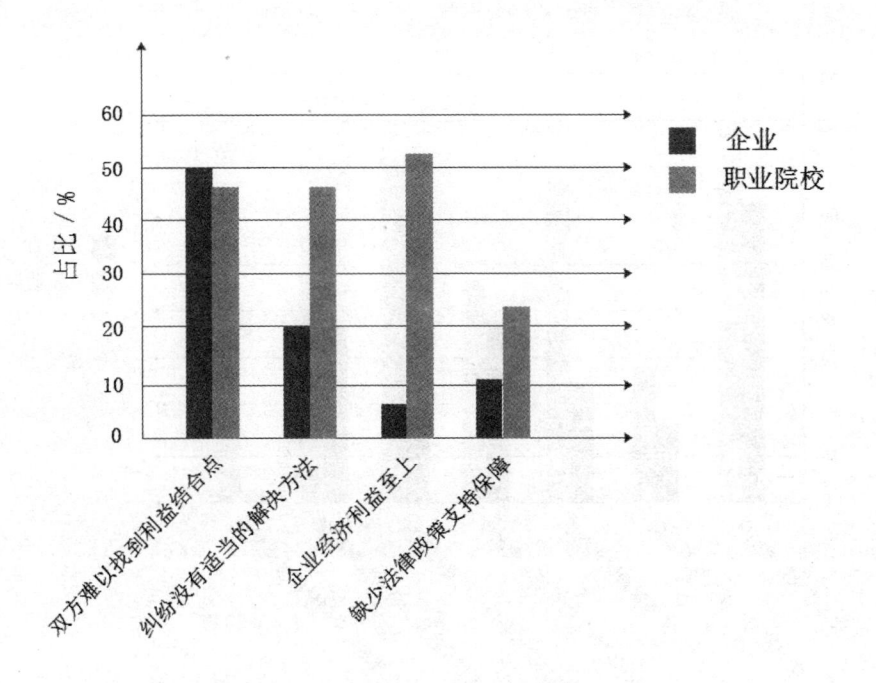

图 3-1 制约校企合作的主要因素

校企合作的责权管理有关制度如图 3-2 所示。从调查结果看，双方所选学生实习责权管理制度完善程度最高，其次为学校为企业培训员工的管理职责制度以及企业支付学生实习期间劳动报酬的规定制度。而实习期间与家长联系制度、教师下企业实践管理职责制度、校内实训基地使用管理制度以及企业技术骨干到学校兼课制度多选比例偏低或双方所选比例差异性较大，有待完善。

探索与实践：校企合作人才培养模式研究

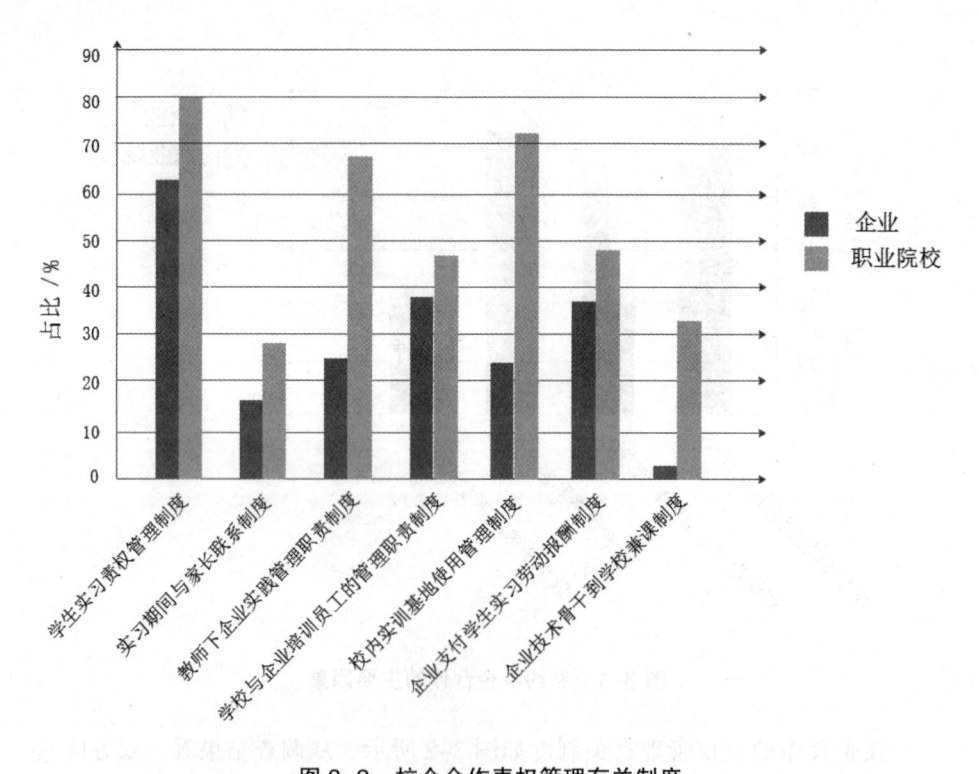

图 3-2 校企合作责权管理有关制度

　　校企合作存在的主要风险问题如图 3-3 所示，双方选择企业设备资源受到损害所占比例都为最高值，分别为 57% 和 67%。其次为人才、核心技术流失风险分别占比 43% 以及 40%。而企业知识产权受到侵害以及学生实习安全风险问题也成为双方所选比例较高的问题。

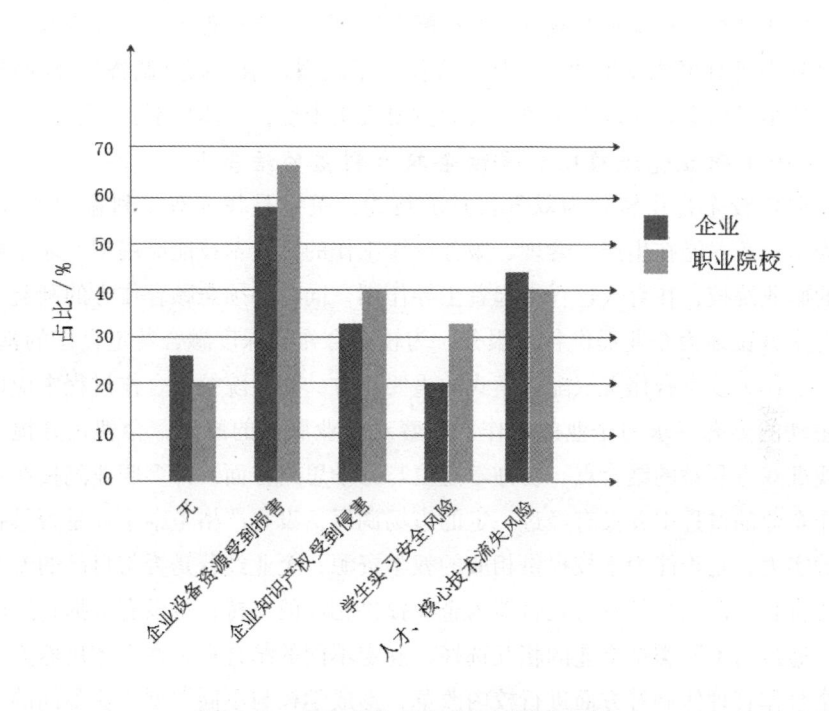

图 3-3　校企合作存在的主要风险问题

在此基础上，分别对实习学生发生工伤事故后如何处理、校企合作纠纷如何解决以及合作研发成果分享机制等问题进行了调查。结果表明，在处理学生实习工伤事故方面，双方选择履行保险赔付的比例分别为 36% 和 40%，所占比例较低，说明校企合作保险赔付制度仍待完善；在校企合作纠纷如何解决的问题上，由双方协商解决的比例最高，分别为 48% 和 53%，其次为在第三方主持下协调解决，比例为 29% 和 33%，所占比例不高说明目前我国校企合作第三方协调机制尚未完善；在合作研发分享机制方面，共同所有所占比例分别为 36% 和 40%，其次为由一方所有，另一方享有使用权和收益权，比例分别为 26% 和 40%，这些数据说明目前校企合作共享程度不高。

综上所述，在职业院校与合作企业利益诉求期望值差异性比较中，双方利益诉求的期望值符合程度存在显著差异；校企合作现状与影响因素调查结果表明，在当前的合作中，双方对共同利益的认识还存在差距，责权管理制度并不完善，且合作中由双方责权关系引起的风险因素仍然较多。

二、校企合作双方管理机制有待完善

随着校企合作的深化以及合作领域的不断拓展，双方更多的资源需要重新分配或共享，这就涉及双方的责权配置问题。如若处理不当，校企双方在合作过程中极有可能发生冲突，甚至合作关系破裂。结合以上调查研究的结果，笔者总结了校企合作双方责权不清的主要现实困境，具体如下：

（一）职业院校难以找准校企双方利益的结合点

要使校企合作转化为双方自觉的行为，关键是找准双方利益的结合点。作为承担培养能在生产、管理、服务一线工作的高技术技能应用型人才主要职责的职业院校，在育人过程中起着主导作用，同时必须兼顾合作方的利益，尽可能全方位地为企业提供各种服务，为校企合作的深度融合奠定良好的基础。因此，作为校企合作责权配置模式的重要一方，职业院校在合作过程中应以积极主动的姿态寻求与企业的合作，本着对企业服务的原则，合理化分担责任并找准双方利益的结合点。在办学定位与办学思路方面，许多职业院校在寻找合作企业的过程中并没有经过一定的市场调研，没有严格考察企业是否具备合作的实力，是否能为学校提供相应的教学资源；企业经营是否与自己的专业设置相符合，以及学校本身是否能为企业提供相应的支持；也没有根据自己的特点，通过与不同类型企业的相互选择，确定不同的结合点，在人才培养方案及校企合作管理体制等方面进行校内改革，形成学校与不同类型企业不同的合作方式。

在办学成本方面，许多职业院校没有在办学的各个方面尽力承担成本，包括经费，为企业提供设备场所、实训中心、培训员工，以及为培训提供场地、设备、师资、教材等。企业无法感受到学校的合作诚意和可靠性，在合作中利益诉求得不到满足，反而造成自身利益的受损，造成合作关系的破裂。

（二）"企业化"全程渗入导致"经济效益至上"

经济效益与社会效益协同发展、互相促进，这是"教学、管理、课程、评估"全程"企业化"渗透的真正目的。如果无视自身的社会责任，片面追求经济效益的最大化，对学校和企业双方而言都是一种不良的发展思路。在推行企业全程参与职业院校人才培养的过程中，有些院校会不自觉地以企业标准为趋向，这就导致学校育人职责的弱化，在人才培养过程中仅专注企业的需要，忽视学生其他方面的发展。比如，有些合作的企业产品单一、技术水平一般，学校在实施订单培养的过程中就容易忽视教学计划和教学目标，学生只能根据企业的需要被安排在固定的岗位上或者进行重复的操作，无法对整个流水线进行操作或全面了解工作流程、工作原理。在这种情况下，学校处于被动的地位，学生实习更多的是考虑企业的生产性而忽视学校的教育性；在由企业投资创办的生产性实训基地运作模式中，如果管理权主要在企业，双方并不是以共同的人才培养为基础，那么当企业将生产线放入学校后，其出于自身利益角度必然更多地考虑自身的生产性功能，教学时间能否保障将成为问题；与学校合作的企业规模大小不一，无法保证有足够的工作岗位接纳整个班级的顶岗实习。

任何校企合作取得成功的关键是能否促进企业和学校的发展，如果双方缺乏相互认同的利益基础，在实现学校的教育功能和企业的经济效益之间难以保持平衡，合作双方难以达成"一体化"的一致步调，校企合作过程中就易受利益驱动，从而偏重经济效益、弱化社会责任。

（三）加强科学的校企合作责权风险规避措施

校企之间的合作，其整体效益依赖合作双方的相互匹配性和组织管理的有效性，但由于其投入周期长且过程难于监管，也就增加了产生风险的可能性。具体来讲，在双方合作的过程中，因责任与权利分配不清而导致的合作利益分配不均、知识产权纠纷、学生实习安全风险等问题。

合作的风险性贯穿合作的全过程。首先表现在科研成果转化风险方面。校企合作的科研成果转化过程存在巨大的不确定性，这些不确定性表现在投入、目标、技术、结果以及过程等方面。[1]而在科研成果转化过程中，由于职业院校缺乏企业管理的实践经验，以及在责权配置制度和管理机制方面的缺失，科研成果转化过程难以顺利完成，极易出现中断、延长，甚至失败，因而增加了合作的风险性。其次表现在知识产权风险方面。知识产权风险是在合作过程中合作各方对技术成熟标准认定不统一、对知识产权权利归属约定不明晰、对知识产权价值评估存在争议、对知识产权利益分配有异议等原因导致的知识产权纠纷。[2]随着合作的不断深入，技术成果的知识产权收益越来越大，利益分配问题日益凸显，分配不均造成的知识产权风险在校企合作研发中不容忽视。从双方合作的管理机制上看，职业院校缺乏专门的知识产权管理部门和专业的知识产权管理人员，难以把握专项事宜，如对企业的规模、管理水平、知识产权情况的调研。政府有关部门要结合当前校企合作的实际状况，健全并完善相关的政策法规，规范校企知识产权合作中的权利、义务、职责，为校企合作的开展提供制度保障。

---

[1] 方德英.校企合作创新——博弈、演化与对策[M].北京：中国经济出版社，2007：145—146.

[2] 李山.基于校企知识转移的企业开放式创新研究[D].南昌：江西财经大学，2013：60—62.

三、造成校企合作中责权不对等的相关因素

基于现状调查，笔者将校企合作责权不对等的原因归纳如下：

（一）未能建立通常的利益沟通与协调渠道

双方的利益诉求得到正常表达是长期深入合作的基础。但在合作的过程中，从校企合作主体角度而言，职业院校与企业追求的目标不同，校企双方在管理体制、工作方式等方面存在着较大的差异，导致各自在实际合作中对利益诉求的期望值存在较大差异。加之所属系统不同，因信息的不对称而造成诉求表达障碍就成为校企合作深入开展最直接的障碍。要促进职业院校和企业实现有效的沟通与合作，必须为校企双方搭建一个交流的平台，并在此平台上进行良性互动。这个过程需要以符合双方意愿的利益协调机制为基础，在合作的各个环节实现主体的利益诉求。

校企之间还没有建立稳定、通畅的沟通渠道，亦未建立中介机构与组织进一步规范、管理、协调和引导校企责任主体的行为。事实上，在人才培养模式改革、校内外基地建设、课程开发与实施、应用技术研究、订单培养、企业员工培训等方面，都需要校企双方根据彼此的优势资源和利益诉求，经过充分协商，对原有工作计划和人员安排进行科学合理的调整。如果利益诉求表达平台缺乏，那么双方将在复杂的合作过程中难以找到动态发展的利益结合点，合作就难以持续深入地开展。

（二）整体推进的合作运行机制相对滞后

目前，职业院校在校企合作建设方面做了很多努力，形成了多种多样的校企合作模式，其中不乏一些整合资源的成功案例。校企整合资源的最佳方式应当是双方在各个方面实现高度融合，即实现"一体化"模式。学校成立校级层面统筹全校各专业校企合作相关事宜的管理机构，指导和管理各专业与企业的合作，从全局的高度统一协调合作过程中遇到的问题，保证合作的整体推进。校企双方要以各自的利益诉求为基础，制订合作章程，明确各方在校企合作机构中的权利与义务，健全管理、制度、经费、政策等。校企双方在签订合作协议时应对设立的管理机构以及管理制度等做出具体规定，要依照不同利益主体的责任、权利和义务关系，制订严格且具有明确可操作性的管理规范。

然而，受职业教育校企合作某些条件的限制，合作的稳定性有待提高，责权分配应进一步规范，企业经济效益的生产性与职业院校社会效益的教育性也应协调统一。究其原因，主要是没有一套能保证整体利益持续发展的可操

作性强的责权配置运行机制，不能充分整合双方优势资源并促使合作效益最大化；未能建立稳定、可持续的校企合作关系，校企双方没有共同组建合作组织、联合机构或管理部门，没有固定的交流场所与互动合作平台，尤其缺乏共同的愿景、明确的合作章程、必要的校企合作资金等。[①]

（三）实现主体功能的保障体系尚待完善

在现行的校企合作运行过程中，企业和职业院校往往通过合同契约等形式对各自的利益诉求和义务进行约定，但在约定履行过程中不管是否顺利，都需要与利益无关的一方协助监控。也就是说，校企两个利益主体对合作的认识、行为问题需要政府这一公共部门的监督，以推动校企双方承担各自的合作职责，履行各自的义务，并保证双方应享的权利。校企合作是双方或多方在各自不同利益诉求的基础上寻求共同发展的合作过程。因为各方的社会属性不同，利益诉求也存在本质差异。比如，职业院校的专业设置与企业的岗位需求不匹配，企业对学生的生产安全、管理、工资报酬存在顾虑，等等。地方政府作为地方学校与企业的公共管理部门，应正视现存矛盾，协调好两者的利益关系。

然而，政府在校企合作中没有充分发挥政策导向和约束作用，在某些方面，政府组织的协调工作还不能完全适应合作的需要。校企合作是不同系统的组合，它们各自的运行机制、目标和价值取向不尽相同，如何规范各自的权利与职责，是对政府部门组织协调的一个挑战。在校企双方对合作缺乏整体系统规划，对双方利益缺乏综合考虑，在职业教育校企合作育人计划性不强的情况下，各地政府对于责任主体行为的约束性不强，导致校企合作中的许多工作只是临时、阶段性的安排。最终，校企双方的合作往往花费不少的时间和精力，但是合作效益不明显，与合作培养完全符合企业需求人才的要求仍有较大差距。

另外，相关法律、法规的条款陈述中也应保证校企责权平衡。我国现行的各项有关职业教育的法律、法规对企业职业教育都有明确的责任要求，如企业可以通过适当形式支持高职院校的建设，参与学校管理；要求企业接纳职业院校学生实习和教师实践，并给予适当的劳动报酬，但在权利赋予上并没有相应的明确规定。因此，政府相关部门在顶层设计上应注意责权分配的平衡。

[①] 王振洪，邵建东.构建利益共同体推进校企深度合作[J].中国高等教育，2011(21): 61—63.

第三节　校企合作利益主体责权配置的优化策略分析

调查研究发现，校企合作在责权配置模式中还存在诸多问题，这些问题制约着合作的深化。下面，笔者针对这些问题分别从利益机制、职权体系和政府职能三方面提出相应的对策。

一、建立利益共赢的协调机制

利益机制是校企深度合作的重要内涵之一。企业、学校在校企合作中都有自己的利益诉求，用利益机制来驱动学校和企业的积极性，在校企深度合作背景下使企业和学校实现利益共赢，是建立共同的利益机制的重要性所在。从构建校企共同体的经验看，校企共同体责权配置的实质是对它们之间的合作关系进行利益协调，使其达成共识。通过构建科学的利益协调机制来维持良性循环的合作关系，保证校企合作有序、健康和持续的发展。校企合作利益机制的构建是一个动态过程，各主体在校企合作中的利益诉求并非一成不变，会随着合作发展的阶段和社会环境的变化而改变，过去行之有效的利益机制也会因为不能满足新的利益诉求而必须革故鼎新。[①] 因此，利益机制的构建不是一劳永逸的，而是不断完善的过程。

总体来看，完善利益机制应注意以下几点：第一，要有正确的利益观念导向。职业院校与企业在校企合作中都有自己的利益诉求，这既是校企双方能够有效合作的基础，又可能是校企双方矛盾产生的根源。因此，在构建利益实体的基础上，找到双方责任与利益的制衡点，完善利益机制对校企合作朝着积极健康的方向发展有着重要的意义。各利益主体间的利益诉求并不总是兼容的，而是需要某一方做出妥协和让步。只有双方承担起相应的责任，合作才可能实现。第二，找准利益诉求的核心内核。校企双方的核心利益是实现高技术高技能型人才的培养，学校只要培养出符合企业需求的学生就可以达到双方利益的最大化，所以根据企业需求动态地调整课程设置和教学内容尤为重要。与此同时，企业应充分认识到参与校企合作不仅是自身的责任和义务，还是进行人才储备、提高自身竞争力的核心利益所在。第三，建立制度化和规范化的

[①] 王振洪，王亚南. 高职教育校企合作利益机制及构建路径[J]. 黑龙江高教研究，2012(4)：66—68.

利益诉求平台。落实平等的利益表达权利，建立政校行企联席会议制度、高层领导定期互访制度、专业指导委员会研讨论证机制、各个层面的定期信息通报制度等；拓宽利益表达渠道，充分利用信息技术，搭建协商对话平台，及时沟通区域经济发展动态、产业行业技术发展、政府经济政策导向、专业发展趋势和就业等信息，让对方的利益诉求能通过规范化的、公开的渠道正常表达。第四，构建强效的利益约束机制。校企双方在项目合作前期要认真对项目实施中的各个环节考虑周全，通过契约的形式对权利和义务按照风险共担的原则做出明确的约定；建立学生安全责任事故的风险管理制度，将学生实习风险管理责任落实到人，为学生购买意外伤害保险；若学生实习事故责任认定困难，职业院校和用人单位可以按约定分担责任，没有约定的，应当共同承担赔偿责任。

二、完善责权明确的职权体系

实践中，校企双方需要树立互利共赢合作的理念，以共同的利益为基础，建立完善的职权体系，进行利益协调和分配。一般而言，完善的职权体系应当包括决策、执行和咨询三层机构，分别为组建双方或多方理事会实现决策功能，实现重大事务的决策功能，并在决策时兼顾整体的利益，真正实现整体水平的提高；组织双方人员组成执行机构，聘任院长，实行理（董）事会领导下的院长负责制，使集中管理有效到位；组建专业指导委员会作为咨询机构，聘请企业专家参与人才培养方案制订、课程体系建设，指导教学运行与实施。

在具体运作中，建立制度体系，完善统一管理机制是校企深度合作的关键。双方要制订合作章程，明确各方在校企合作机制中的权利与义务，以及校企合作运行中相应的考核、奖惩等一系列管理制度。每年投入一定的校企合作资金，保证各项工作的正常运行和校企合作的可持续性发展，并有效维护各方的权利和利益。学校应成为搭建统一管理机制的推动方，但并不起决定作用，而是与企业共同成为人才培养主体，真正把对方视为促进自身发展的一部分，让企业发挥学校人才培养的另一阵地的作用，真正承担起人才培养的责任。与此同时，专业管理与教学实施的基层组织应当包括项目部、工作室、事业部等具有浓厚现代企业管理色彩的组织架构，与职业院校相关专业进行有效的融合。双方组织机构、人员、设备等应在实体学院中实行一体化管理。

三、发挥责权配置的政府职能

校企合作是要把职业院校与企业等不同领域的活动结合在一起，仅靠其内在自发的因素是不够的，还需要第三方作为促进合作主体活动的外在力量或中间组织。在我国现有体制下，这一点只能依靠政府部门来实施，如由政府牵头成立利益实体，作为促进校企合作的载体和平台；管理人员由政府、学校和企业三方人员构成，共同进行责权分配和利益协调。在校企合作中，只有企业、学校各负其责，各方责、权、利明晰，校企互惠互利，相互补充，实现双赢，才能从根本上解决我国校企合作中存在的问题。

　　首先，政府应完善政策法规，厘清校企双方职责。政府在引导职业院校办学的同时，应对企业给予约束或激励。企业在与职业院校的合作中通过享受政府给予的税收、奖励等政策上的优惠所获得的利益应当是直接的，并且在校企合作过程获利有风险的情况下，保证所有校企合作活动的企业都能获利。校企合作前期建设需要一定数量的资金投入，多数职业院校因自身经费紧张，很难安排出太多资金，企业也不可能安排专项资金用于校企合作。为了保障校企合作的稳定运行，地方政府应保证对校企合作的资金投入在相关法律、法规的条款陈述中的权利赋予。之所以赋予企业以权利，是为了有效调动企业承担职业教育责任的积极性，使企业全身心地支持职业教育，从而有效提高职业院校的教学质量。

　　其次，健全遴选制度，加强监督资格和权利的审核。政府在校企合作中扮演着监督者的角色，以保证职业院校优选合作单位。校企合作的双方需要具备一些特定的条件，随意的合作并不能保证寻找到各自准确的利益结合点，也就更难以形成整体性的利益实体。因此，选择恰当的企业作为校企深度合作主体显得尤为重要。政府需要在综合考虑相关合作主体利益诉求以及发展内涵，兼顾区域经济发展等要素的基础上，通过深入沟通交流，牵头选择合适的合作单位。这是校企深度合作的前提，否则在后续的合作中很难达成合作目的。具体标准如下：第一，合作企业需具有较强的合作意愿，能积极承担社会责任，在参与合作过程中愿意在设备、资金以及共建实训基地等方面为职业院校提供支持；第二，相关企业的发展规划、产业或产品与职业院校的专业匹配；第三，从发展空间及用工需求方面看，应优先选择具有一定规模和影响力的企业；第四，优选前期已有一定合作基础的企业，即校企双方前期已有一定的合作基础，且合作比较顺利并初步达到双赢的目标。

　　最后，发挥协调作用，保障利益共享、风险共担。政府在校企合作过程中扮演着利益协调者的角色。校企合作是企业、职业院校在各自不同的利益基础上寻求共同发展、谋求共同利益的一种组织形式，但因双方所属系统不同，在合作过程中存在着不可避免的矛盾，需要政府部门的协调。政府部门应强化双方在合作协议中相关责任和权利的履行与监督，如企业的生产经营周期与学校的教学安排不协调，企业与学校间沟通不足，学校的科研方向与产业界的应用和技术开发不匹配，学校培养的学生与企业需求不匹配，等等。地方政府作为职业院校与企业的公共管理部门，应正视这些现存矛盾，协调好两者的利益。当校企双方在签订合作协议时，政府应选派具有专业水平和丰富经验的人员与企业开展谈判，明确双方在合作过程中的权责义务，并对知识产权归属做出明确规定，防止以后发生不必要的知识产权纠纷；在履行合同时，要加强对企业在合同履行中的监督管理，规范和约束企业行为。只有政府部门直接参与，并建立合理的企业、学校与其他要素部门的互动关系，才能使校企合作教育的机制正常运转。

总之，政府应以多种方式和途径推进校企合作，支持职业院校与企业以多种方式开展合作。比如：企业可以设备、场地、技术、资金等多种形式向学校投资，学校以校舍和教育资源入股；支持职业院校与企业共建技术研发中心，联合开展技术创新和产品研发，推进教学科研成果的应用；推动职业院校与企业共建技术工艺和产品开发中心、技术技能实训平台、技能大师工作室；鼓励职业院校教师和学生拥有知识产权的技术开发、产品设计等成果的，可依法在企业作价入股等。

需要注意的是，在探索和发展公办高职院校混合所有制办学的过程中，政府在其中所发挥的协调规范作用是十分关键的。规避混合所有制办学风险的关键一步是责权明确，即在充分考虑投资者利益诉求的基础上立法规范并建立制度。立法应着重规范和明确各级政府、各类办学主体（学校法人代表）和用人单位的责任和权利；制度应构建所有权与经营权、产权与治理权分离的管理模式，协调投资者、管理者、执行者、学校教职员工之间的利益与责权关系。在合作初期，为保障各方利益，股份比例、决策方式以及风险防范方式可以根据各方意愿进行初步协商；后期再根据实际情况，依法并按照程序，正式商定各方股权比例和责权分配。

第四章　国际校企协同创新的经验

德国、美国、英国、澳大利亚、日本等发达国家经过数十年的探索，建立了较为完善的应用型大学体系，校企合作师资共建的成果和经验也比较丰富，其产学研合作模式集中体现了理论知识与实践技能的有机结合、学校与企业的密切合作，是一种被实践证明的成功的高等教育人才培养模式。本章对德国、美国、英国、澳大利亚、日本的校企合作进行分析，希望对我国的校企合作模式具有一定的现实意义和借鉴价值。

第一节　德国高校的校企合作

德国应用技术大学是德国高等教育体系中的一个重要组成部分。经过数十年的发展，其在办学理念、培养目标、师资队伍、实践教学、校企合作等方面形成了相对成熟完整的技术应用型人才培养体系。

一、开展校企合作可获得优惠政策

20世纪中叶，随着第二次世界大战的结束，世界各主要经济体都将主要精力投入战后重建上，大规模地扩大生产。生产的扩大直接导致高素质劳动者供不应求，高等教育由此进入大众化的进程中。德国普通大学教育培养的毕业生理论基础扎实，但是周期偏长，而职业教育体系培养出来的学生动手能力较强，可是理论基础却偏弱，在后期的能力提升上存在障碍。随着德国经济在战后的迅速崛起和科技的不断进步，仅仅局限于中等教育层次的职业技术教育和普通高等教育的大众化已经不能满足企业界的需要。因此，在20世纪70年代德国正式组建应用技术大学（有的也翻译成应用科技大学、应用科学大学），即 Fachhochschule，简称 FH。[①] 基于此，1968年通过了《联邦共和国各州高

---

① 陈愚，李鹏.德国双元制应用技术大学对我国地方院校转型的启示[J].实验技术与管理，2017(4)：276—277.

等学校协定》，应用技术大学在工程师学校和高级专业学校合并的基础上得以建立，将当时部分基础较好的工程师学校、高级专业学校进行合并，在保持其办学总体特色的前提下创建应用技术大学，通过培训和扩充师资、改革课程、更新实验设备，使之达到高等教育水平。1976年，《德国高等教育法》确立了应用技术大学在高等教育中的地位。随着"博洛尼亚进程"的实施，德国高校引入了国际上通行的三级学位体制，应用技术大学拥有了与综合性大学同等效力的学士和硕士学位授予权。部分学校还可与大学联合培养博士研究生，注册在校生70.3万人，约占德国高校在校生总数的1/3。应用技术大学作为德国职业教育的一部分，已成为德国经济发展的"秘密武器"。

德国应用技术大学的办学理念是"为职业实践而进行科学教育，而不是带有某些理论的职业教育"，以"通过对学生进行必要的基础理论教育和充分的职业训练，使其成为在某一领域具有独立从事职业活动能力的中高级技术人才"为培养目标，针对地方产业发展需求的学科和专业设置、校企紧密合作的办学模式和注重实践的教学方法、高质量复合型的师资队伍建设，形成了独树一帜的高等应用技术型人才培养体系。在德国应用技术大学注册的学生中，近50%在工程科学领域，近38%在法律经济和社会科学领域。

德国应用技术大学的创立，一是打开了普通高等教育与职业教育的贯通之路，提升了职业教育的社会地位；二是将应用技术大学整体纳入职业教育体系，使原来给予职业教育校企合作的所有优惠政策都能享用。在德国，多数初中毕业生选择读职校。原因如下：一是德国法律赋予职业教育证书与普通学历证书同等的地位，两者呈"H"形互通；二是薪酬水平高。大学毕业的普通职员和一个技术工人税后的收入没有多大的差别；三是面向初中毕业生的职业教育，法律规定属于国家义务教育的一部分，职校学生不仅可以免学费，还可以拿工资；四是上职校就业有保障。

二、学校在校企合作中施行实践培养模式

德国应用技术大学是与经济、社会结合得最为紧密的高等教育，坚持以服务为宗旨，以就业为导向，走产学研合作的校企合作道路是其典型特征。校企合作贯穿德国应用技术大学教育的全过程。

1. 招生方面。德国应用技术大学招生的基本对象是具备大学入学资格的中学毕业生，具体条件视专业不同而异。应用技术大学招收的完全中学（相当于我国的普通高中）的毕业生要求要有一定时间的预实习，有的专业要求新生有26周的实习，以积累实践经验、感性认识，为理论学习打下基础。很多进

入德国应用技术大学的学生还必须先与企业签订合同,以企业"准员工"的身份接受教育。学生与企业签订了合同,即可享受企业的经济补贴。有些德国应用技术大学要收取学费,但其费用由企业承担。学员与企业签订合同,不但解除了学生经费上的后顾之忧,而且基本上不用担心毕业后的就业问题。

2.教学方面。德国应用技术大学是随着企业需求的增长而发展起来的,与企业有着千丝万缕的联系,学校与企业相互依存。人才培养由校企共同承担,学校负责理论教学,企业负责实践教学,并为毕业生提供工作岗位。企业是学校生存的依靠、发展的源泉;学校则是企业发展的人才库、技术革新的思想库。德国应用技术大学的教学内容包括学校负责的基础课和企业负责的实践课两方面,学校通过同参与培训的企业合作实施其教学任务,教学工作是在学校和企业两个不同的地点交替进行的。应用技术大学的学制为4年,其中到企业实训、实习时间不能少于1年。对于学生的实习,企业非但不认为是额外负担,还给学生培训津贴。经过实习,学生不仅加深了对专业理论知识的理解,熟悉了企业技术应用的生产、管理过程,还积累了经验,提高了综合运用知识和实际操作能力。当然,为了使学生既达到大学的基本要求,又有较高的实践能力,理论学习和实习训练的安排与组织都是非常严密的。

3.师资建设方面。德国应用技术大学全过程是由高校专职教师和企业的工程技术人员、管理人员共同组织实施的。德国应用技术大学的教师地位高且要求严。教师受政府终身雇用,享受公务员待遇,每两年增长一次薪酬,享受免费在职进修。任教必须具备大学本科学历以上、5年以上工作经验、2年以上的教学或培训经历,有较强的教学和科研能力。此外,专职教师当中教授所占比例较高,应聘终身教授者年龄一般不超过50周岁,教授除了教学任务外,还要承担技术应用研究和技术开发任务。企业兼职教师所占比例大。德国应用技术大学的兼职教师占在校教师的3/5到4/5,这是双元制师资构成的一大特点。[1]兼职教师绝大多数来源于企业一线,具有较高的学历与工程师或师傅(职称)证书,能将最新技术融入教学当中。

4.专业建设方面。德国高等职业教育的培养目标非常明确,都是培养应用型人才。特别是职业学院,它不是为自由的劳动力市场培养"通用人才",而是为特定的企业培养"专用人才"。为达到这一培养目标,学校的专业建设工作都是由企业直接参与和学校共同完成的。每个专业都成立专业委员会,其成

---

[1] 梁凌.德国"双元制"对我国应用型大学校企合作的启示[J].科学管理研究,2014(6):132—133.

员主要由企业和学校的代表构成，负责本专业教学计划的制订、实施、检查和调整。学校的课程设置、实验安排、实训实习、次数及时间的确定、考试的组织和毕业论文（设计）的要求等都是学校和企业共同研究决定的，因而所培养的学生很有针对性，不至于产生学用脱节的现象，毕业后可以直接上岗，不需要长时间的工作适应期。

5. 管理方面。德国应用技术大学的高校理事会中有许多来自企业和工商界的人士，他们代表企业的利益和社会需求并参与决定高校的战略发展规划和学科专业设置。例如，维尔道工程技术应用大学理事会就由教授、企业专家及学生干部组成，其中6名专家教授、2名讲师、1名后勤部门主管和2名学生干部。第一线的企业专家主要负责有关实践教学活动及对新专业的开设和教学内容的选择提供咨询。[①]

三、企业行业在校企合作中占主导地位

德国应用技术大学具有企业支持的良好社会环境。企业是教育的主要承担者，在教育中发挥着主导性的作用。第一，德国企业把职业教育作为培育企业未来人力资源的一条重要途径，因为企业界有个共识——"职业教育是对未来的投资"，只有好的员工，才会有好的产品，企业最终才能够在日益激烈的市场竞争中得以生存；第二，学校不可能配备与当前企业正在使用的完全相同的设备、设施，单靠学校培养是不可能培养出适合企业需要的合格员工的；第三，企业以人才培养主体的身份参与其中也可以面对面直接考核本企业未来员工各方面的表现，这对保障企业员工的素质十分必要；第四，以企业为主体的校企合作运行机制可以使学校的理论教学与企业的技能培训相互渗透，真正缩短理论教学与实践之间的差距；第五，以企业为主体的校企合作教育运行机制可以有效地解决职业教育中所需要的培训岗位、场所、设备、师资、资金等，甚至学生的就业问题等都能妥善解决。

德国的行业协会在德国应用技术大学教育中发挥着重要的作用。学生到企业的实习、职业技能资格考试、技能证书的颁发、就业等方面都需要得到行业协会的认可。德国的《联邦职业教育法》规定，行业协会（如手工业协会、工商业协会、农业协会）和自由职业协会（如律师协会、审计师协会、兽医协会）等是组成相应职业教育地方主管机构的主要成员，负责监督、审查和考核

---

① 魏保立，徐坚. 德国应用科技大学校企合作的启示[J]. 中国电力教育，2013(17): 7.

相应的职业教育活动。为促进辖区内职业教育的发展,由地方行会设立职业教育委员会,其成员包括资方代表、劳方代表和职业学校教师代表各6名,但教师代表只有建议性表决权。[①]州政府设立的州职业教育委员会由资方、劳方和政府三方同等数量的代表组成,为本州职业教育的发展向州政府提供咨询,促进职业学校与教育企业、跨企业教育机构的合作。同样,在高等职业教育中,学生要想获得相应的职业资格证书,需要参加行业协会组织的考试。可以看出,德国行业协会既是职业教育和培训政策的宏观决策者,又是职业教育和培训质量的监督者和评价者,同时也是职业教育和培训的咨询者和指导者。

四、政府为校企合作提供完善的政策法律保障

完善的教育法律保证体系是德国校企合作运行机制的基础。德国的职业教育历史悠久,目前已形成了较为完善的法律保证体系。德国职业教育的各个方面均有详尽的法令规定。最早的法令起源于中世纪,它规定了入学条件和学校义务、师资培训和修业年限、每个工种的学科设置和具体培训办法等。这些法令使职业教育有了法律保障,使办学有法可依、有章可循。德国规范职业教育的法律、法规很多,基本法律是《联邦职业教育法》《职业教育框架计划》和《职业教育条例》。德意志联邦共和国于1969年颁布了《联邦德国职业教育法》,2005年对其进行了修改。《联邦德国职业教育法》明确了职业教育的目的、内容,明确了职业学校、企业、培训机构及受教育者的责任和义务,明确了职业教育和研究所的地位、权利及责任。同时,德国规定青少年接受教育必须达到18岁,这就以法律的形式明确了职业教育的生源。德国还有相关联的《联邦职业教育促进法》《手工业条例》《青年劳动保护法》《企业基本法》《实训教师资格条例》及各州的职业教育法。这些法律条例牢固地确立了职业教育在德国国家教育系统中的地位与作用。

德国职业教育法规体系健全完善,不但覆盖面广,而且衔接配套,处处有章可循,事事有法可依,为应用技术大学校企合作的健康发展营造了一个良好的法制环境。

五、德国应用技术大学校企合作的良好成效

1.提升了学校的教育质量。企业积极参与应用技术大学建设的办学模式缓

[①] 王树庆,刘琳.德国高等职业教育校企合作机制初探[J].山东商业职业技术学院学报,2010(3):32—33.

解了学校在招生就业方面的压力，学校能够将绝大部分精力集中到教学上来，将企业实际工作过程中遇到的问题或者企业使用的先进工艺、方法很好地融入日常教学中，进而带动教学内容的升级，形成良性循环；全面实现校企合作，达到学校和企业资源的有效互补。

2. 为企业提供了智力支持。应用技术大学将大学理论课程和企业实践应用有机地结合起来，根据企业需要灵活调整授课内容，注重知识在工作情境中的转化过程及职业行动能力的培养，有效避免了理论知识与实际应用脱节的现象，为企业提供了智力支持和劳动力保障。

3. 提高了学生的学习积极性和职业素养。紧密结合市场需求，能够让学生在进入学校学习的同时投入企业实践当中，第一时间了解企业需求与自身能力的差距，及时调整学习目标并制订客观合理的学习计划。学生和企业签订劳动合同并能够从企业获得劳动报酬，这也使学生安心地投入学习和工作中，并能按照企业行业要求，提升自己素养，从而更好地适应社会需求。

4. 为政府和社会提供了充足的高素质劳动者。应用技术大学的办学模式有效地调节了普通大学毕业生实践能力弱和传统职业教育毕业生理论知识不足的矛盾，为德国经济界培养了大批具备理论知识与实践经验的高素质劳动者，为德国经济的再次腾飞奠定了坚实的人才储备。

第二节 美国高校的校企合作

作为全球高等教育最为发达的国家，美国的校企合作已经形成了比较成熟的模式和运行机制。美国高等教育的校企合作模式在应用型教育中最为显著。应用型教育的兴起是美国社会经济发展到一定阶段的必然产物。美国应用型教育主要包括大学和技术学院中本科层次的技术教育、社区学院教育及工程教育。通过灵活调整专业结构、创新课程设置、创新教学方法与教学内容、开展校企合作，美国应用型教育较好地服务了地方工业发展。

一、美国校企合作的"合作教育"模式

美国职业教育校企合作以合作教育为主要形式。合作教育最早由辛辛那提大学的赫尔曼·施奈德于1906年提出，这是在杜威实用主义思想影响下进行的一个产学合作的教育改革项目，通过学校与企业合作，以工学交替的方式培养职业人才。赫尔曼·施奈德从杜威的"从做中学""劳教结合"等思想中

受到启发，将每学年分为"理论学期"和"工作学期"。在"理论学期"学生在校园内修读理论课程；在"工作学期"，学生到相关工厂工作，从劳动中获得有关的知识和技能，同时获得一定的报酬以补贴学习费用。

辛辛那提大学的校长雷蒙德·沃尔特斯在1946年合作教育四十周年纪念日时将合作教育类比为中世纪行会的学徒制。美国国家合作教育委员会对合作教育的基本界定是：合作教育是将课堂学习与通过相关领域中生产性的工作经验学习结合起来的一种结构性教育策略，学生工作的领域是与其学业或职业目标相关的。合作教育通过将理论与实践结合起来，提供渐进的经验。合作教育是学生、教育机构和雇主间的一种伙伴关系，参与的各方有自己特定的责任。

合作教育是一种将课堂上的学术学习与实际工作场所相结合的教育策略。合作教育使课堂学习和工作实践学习相互结合、相互依存。课堂学习主要是指与课堂教学以及相辅的实验室的实践学习；工作实践学习主要是指在工业、商业或公共部门等的实践学习。为了提供这种混合的学习机会，合作涉及学生、教育机构和雇主之间的合作。

工作实践学习允许学习者将职业发展着眼于当前需求、短期预测需求以及学习者和雇主的长期需求。工作实践学习包括一个结构化的计划，根据职业要求和工作描述制订并被整合到学校课程之中。

合作教育对学生、雇主和教育机构都有着积极作用，建立了多方利益激励机制。对学生而言，他们将在课堂所学的理论知识和工作实践结合起来，接触和了解特定的职业工作实际，发展职业技能，积累工作经验，开发批判性思维能力；工作实践学习期间的薪酬也有助于缓解教育支出的压力，促进他们的职业兴趣。

对于雇主而言，有利于提高招募员工的效率和效益，是其招募员工的一个重要策略；有利于提高员工工作效率，因为学生可以减轻在职工作人员的日常工作、处理高峰工作量以及开展特殊工作项目；经过合作教育的毕业生只需要更少的培训时间就可以胜任工作岗位。合作教育的学生还可以增长在职工作人员的工作积极性。合作教育还有利于加强雇主和学校之间的联系，促进学校就业导向的职业教育课程设计和教师获得实践工作经验。

对学校而言，有利于学校与工业、商业和公共部门建立合作伙伴关系，不仅可以吸纳他们参与人才培养的过程，还可以及时收到人才培养质量的反馈信息。通过工作实践学习，作为扩展的课堂或实验室，学校可以接触到最新和最先进的设备。

美国合作教育顺应了社会对专业技术技能型人才的需求，将教育与生产劳动结合起来，培养全面发展的人，体现了现代职业教育的规律。时至今日，美国已有近1/3的高校实施了合作教育，不仅有两年制院校，还有四年制院校；合作单位不仅有工厂企业，还包括商业、服务机关、政府部门等公私营机构，合作教育已经成为美国高校人才培养的重要模式。

二、美国校企合作的相关机制

（一）美国校企合作的运行机制

合作教育是美国职业教育校企合作的主要形式。合作教育在长期的发展过程中形成了学校主导型的校企合作运行机制。

美国合作教育的模式主要分为两类：一类是并行式，即全日制注册生除了全日制学习外，每周做部分时间的工作，这些工作是经学校认可的，这种模式多为两年制高级学院或社区学院所采用；一类是交替式，即全日制学习学期与全日制工作学期的交替，工作学期的工作是经学校认可的，这种模式多为四年制院校采用。无论哪种模式，都是以职业院校为主导来开展的，是在全日制院校学习的基础上，再辅以企业实践学习。两种模式就其本质而言都是一种把以职业院校为主的课堂学习与通过相关领域中生产性的工作经验学习结合起来的结构性教育策略，学生工作的领域是与其学业或职业目标相关的，在这种教育策略中，企业对合作教育的参与是课堂学习的重要补充和支持。

从管理方式看，美国合作教育分为集中管理、分散管理和综合管理。集中管理模式是以校级管理为主，学校设有专门机构、专职人员负责合作教育的管理运作，将所有的行政管理、学生安置、市场和学术监管等置于学校独立机构管理。分散管理模式是指以二级院系管理为主，主要由教学人员承担合作教育的管理协调工作，但这种模式下的管理、市场、学生安置、学术控制、实践学习等缺少一个中心管理机构。综合管理模式是集中管理模式和分散管理模式的综合使用，是服务学生、雇主和机构的多种方法。这是由合作教育专门部门对雇主和市场的管理和学术机构对教学的管理相结合的一种管理模式。可以说，不管是哪一种管理方式，从合作项目计划的制订到实施，从学生组织管理到雇主沟通组织，从学生和雇主的咨询指导到学生评估督促等各个方面都是学校在牵头、组织和协调，学校发挥着核心主导作用。

（二）美国校企合作的保障机制

1. 政校两级联动的组织机构保障机制

为了推进合作教育的开展，美国在联邦层面成立了专门的组织机构。1962年，美国国家合作教育委员会正式成立，其由大学校长、行业管理人员以及政府、劳工和国家组织的代表构成，最主要的任务就是宣传合作教育，扩大合作教育在美国高等教育乃至美国社会中的地位。

1963年，美国合作教育协会相继成立，与国家合作教育委员会一起，共同负责美国合作教育的宣传和推广。美国合作教育委员会负责协调全美所有院校的合作教育工作。

1991年美国劳工部还成立了"获取必要技能部长委员会"。该委员会强调学校必须通过教育让学生"学会生存"，为此还发表了"职场要求学校做什么"的报告，要求学校、家长和企业帮助学生获取在目前和将来的职场上所需的三部分基础和五种基本能力，极大地推动了合作教育的发展。联邦政府还专门成立了国家职业技能标准委员会，全权负责美国职业技能标准的确定、证书的颁发等，极大地促进了合作教育的开展。

另外，每所开展合作教育的学校均设有专门性的合作教育管理机构，如辛辛那提大学的合作教育研究与创新中心等。合作教育管理机构主要由有实践和教学经验的教师，以及有广泛社会联系的协调员组成。前者能够保障合作教育实施的方向和质量，后者对外能够通过与企业的广泛联系，帮助学校寻找合作伙伴，对内则是学生合作教育的顾问和辅导员，指导学生根据个人的爱好、特长和社会劳动力市场情况选择合作教育项目，协调企业和学生完成合作学习。

2. 完善的法律保障机制

美国十分重视职业教育的立法，积极通过法律法规来推动职业教育的发展。在不同的历史时期，美国会根据经济和社会发展需要，对法律进行补充、修订和完善，形成了一套相当完善的法律体系。美国在职业教育体系初创时期，出台了两部著名法律：《莫雷尔法案》和《史密斯—休士法案》。1862年的《莫雷尔法案》是美国颁布的第一部职业教育法，开创了在高等教育中开展职业教育的先例。该法案规定，按各州国会通过拨给土地的方式举办农业和工艺学院，以培养工农业专门人才。1917年的《史密斯—休士法》使美国中等职业教育得以制度化，为美国公立学校职业教育提供了财政资助。

在战后职业教育大力发展时期，为了追求教育公正与公平，美国于1963年颁布了《1963年职业教育法》，重新确立了美国职业教育的目标，扩大了职业教育的范围，使职业教育成为面向社会各阶层各年龄的教育。为了促进职业教育的合作关系，提高训练有效性，美国于1982年颁布了《职业训练合作法》。为了应对经济全球化和信息化所带来的挑战，促进美国职业教育的发展，提高劳动力水平和美国国际竞争力，美国于1994年颁布了《学校至职场机会法案》（STWOA），要求各州建立"学校至职场机会"教育体系，并且出台了珀金斯系列法案，1990年《珀金斯职业与应用技术教育法》、1998年《珀金斯职业与应用技术教育修正法》、2006年《珀金斯生涯与技术法》，提出要开展技术准备教育，融合学术与职业课程，培养学生综合职业能力，为学生从学校生活过渡到职业生涯做好准备。

美国合作教育的成功与美国政府在各个时期的法律支持密不可分。美国完善的法律体系对合作教育的资助政策为推动合作教育的发展提供了有力的支持，如在1917年的《史密斯—休士法》生效后，美国联邦政府职业教育委员会承认了合作教育课程，并鼓励学校大力开设此类课程。1968年的《职业教育法修正案》则明确规定了合作教育的定义，为合作教育确立了职业教育领域的法律地位。1982年的《职业训练合作法》规定了设定"服务领域"和设置"私营企业委员会"两项职业训练措施，将与行业企业的合作纳入提高职业训练效率措施范畴。

1994年的《学校至职场机会法案》要求各州建立"学校至职场机会"教育体系，详尽提出下列三项核心组成部分：学校本位的学习，即在学校对工作机会计划的校本学习，如职业意识和职业探索、融合学术和职业的教学计划和课程、学生从学校到工作以及教育到培训转移的程序和制度等；工作本位的学习，如有计划的工作培训和学习、工作经历、工作场所与工作态度、就业能力、专业技能相关的指导和活动等；连接活动，如把学生和雇主联系起来的各种活动，以及帮助学生获得附加训练的活动。

2006年《珀金斯生涯与技术改进法》将职业教育的内涵拓展到职业生涯，支持学校与企业行业之间建立合作伙伴关系，为学生个体职业能力发展和职业生涯终身发展提供支持，以保持社会竞争力。2012年《投资美国未来：生涯和技术教育改革蓝图》突出了全球经济背景下的职业教育问题，提出应遵循"一致、协作、责任、创新"等四个原则，其中"协作"就表现为教育机构与雇主和行业共同协作，促进职业教育质量提高。

3. 以政府财政投入为主、多方分担的经费保障机制

美国在职业教育发展过程中，特别重视政府的财政投入，通过立法将政府财政投入加以制度化，同时通过积极运用政策手段、经济杠杆、宣传理念等方式推动社会各方力量参与职业教育，构建了政府主导、多方参与的职业教育

投入分担机制。①

美国政府主导的财政投入机制为合作教育的发展提供了经费保障。20世纪50年代以来，随着美国高等教育的飞速发展，合作教育也迎来了高速扩张。1965年的《高等教育法》第一次明确提出政府财政对合作教育的支持。1976年的《高等教育法》又明确提出设立合作教育基金，支持合作教育发展。1994年的《学校至职场机会法案》更是把美国企业与学校之间的合作以法律的形式固定下来，要求各州政府建立"学校至职场机会"教育体系。同时，联邦政府拨出专项资金用以开展校企之间的合作。

第三节 英国高校的校企合作

英国曾经以过于强调"博雅教育"的传统大学著称，但随着时代的发展和产业的进步，越来越多的英国人主张加强与现代产业合作的高等教育，大学生为天之骄子的时代已经成为历史。为应对社会需求，现在的大学生需要充分了解市场行情，因此校企合作模式刻不容缓。在此背景下，英国兴起了举办以校企合作模式为特征的多科技术学院的热潮。

一、英国多科技术学院的兴起

英国传统大学长期保持着学术本位的神圣传统，推崇学术价值，强调高师生比，严格控制学位质量。从20世纪60年代开始，英国政府逐渐意识到，高等教育特别是高等科技教育的发展将在很大程度上决定着一国的国际竞争力，振兴英国的当务之急是大力发展高等教育，尤其是适应经济社会发展需要的科技教育和实用教育。正是在这样的背景下，英国高等教育开始实施双轨制，创办多科技术学院，强化应用型人才的培养，扩大高等教育学习机会，提高国民素质。1987年英国议会发布的《高等教育：迎接新的挑战》白皮书中，公开认可多科技术学院与其他地方学院在技术与其他业务领域起着独特的和越来越重要的作用，它们不仅服务于地方发展，还因为面向全国招生，满足了全国用人单位的需要。1966年英国政府发布的《应用技术学院和其他学院发展计划》白皮书中强调，根据英国31类技艺发展非综合性大学的高等教育，应

---

① 齐再前.基于博弈论高等职业教育校企合作长效机制研究[M].北京：科学出版社，2016：43.

用技术学院教育由此引入，形成了"双元"结构的高等教育体系。1992年，英国议会通过了《1992年继续教育和高等教育法案》，授予应用技术学院在命名和集资项目方面与大学同等的地位，所有符合条件的应用技术学院全部升格为大学，进一步提升多科技术学院的社会地位。

多科技术学院倡导服务传统，在办学定位上突出应用性和地方性。其中，应用性是指学院主要为地方生产、建设、管理和服务一线培养应用型专业人才；地方性是指学院的人才培养立足地方、依托地方、服务地方，与地方政府、工商企业界之间展开深入互动，共同培养应用型人才，为地方的经济、科技和社会发展提供有力的智力支撑。此外，多科技术学院强调高校要同工商企业界建立密切的合作关系，人才培养目标定位于为经济、社会发展培养高素质应用型专门人才。多科技术学院以其清晰的地方性、应用性办学定位，打破了英国高等教育传统观念学术至上的发展模式，开辟了一条以职业教育为基础、以培养高层次应用型人才为目标的人才培养新思路。

二、英国多科技术学院校企合作的基本模式

英国多科技术学院坚持实用主义的基本理念，努力探索把科学技术与工业企业有机结合的路径，注重与产业界密切合作，共同培养适应经济社会发展的高层次应用型人才。

1. 贴近行业需求的专业课程设置。多科技术学院在确定系科、设置专业时，为做到贴近各地区的工商业、服务业发展需要，要开展多方位的调查研究，反复征求相关工厂、企业的意见，了解它们的用人要求，再经过学校评估平衡之后确定设置方案，最后报经地方教育委员会讨论批准。这样便能保证学校所开设的专业适应地方经济发展的需求。比如，增设了经济、管理和服务等若干新兴学科，许多系科和专业是传统大学没有设置的。因为办学定位侧重于应用科学的发展，尽管也开展必要的理论研究，但科研活动只占5%—10%，远低于传统大学30%以上的比重。在课程设置上，门类比较丰富多样，内容精练适用，及时修订、补充科学技术发展的最新成果。在招生方面，学院通过预测企业用工需求确定招生数量，有的系科每年招生，有的系科隔年，甚至两年招生一次。一旦发现劳动力市场中某类专业人员过剩，即报经上层主管部门批准停止招生。这种对接行业企业用人需求来设置专业、课程并及时调控招生规模的机制，确保了学院所供应的人才专业结构和人才素质结构满足当地经济发展的需要。

2. 校企深度合作培养高素质人才的培养模式。英国为了培养企业适用的技

术人才，许多多科技术学院实行了"工读交替制的课程"。在校企深度合作的框架下，多科技术学院无论是两年制还是四年制课程，工作岗位上的生产实践训练都占有相当大的比重。两年制课程相当于短期大学或我国的专科教育，分为两个阶段：第一学年在校学习基础理论知识，第二学年学习职业技术课程并进行生产实践训练。毕业时可获得高级职业技术证书，但不授予学位。四年制课程采用工学交替的"三明治"学习模式（或"夹心饼干"式教学计划）。这种人才培养方法分为三个阶段，学生中学毕业后，先在企业工作实践一年，接着在学校学习完两年或三年的课程，然后再到企业工作实践一年，即所谓的"1+2+1"和"1+3+1"教育计划。此外，英国还实行第一、第二、第四年在学校学习三年理论，第三学年到企业进行为期一年的实习培养方式。整个学习过程特别重视理论联系实际，重点培养学生应用技术解决生产实际问题的能力。因此，毕业生很受企业欢迎，不少多科技术学院的就业率达到90%以上。

3. 以行业企业兼职教师为主体的师资建设。多科技术学院高度重视教师应用能力、实践创新能力的培养，大力实施"双师型"教师队伍培育计划，努力探索"双师型"教师培养新模式，增强教师的理论教学能力和实践指导能力。部分教师是从具有实际经验的工程技术人员和管理人员中聘请的，具有丰富的生产和管理经验，能亲自动手操作。学院要求教师到生产服务一线及时了解不断发生的新情况和新问题并加以解决，从而有针对性地开展教学，指导学生加强训练。许多学院与工厂、企业技术部门联系非常密切，经常聘请有丰富经验的技术人员和管理人员做兼职教师、开专门讲座和开设新课程，及时传授新的知识和技能，把生产实际中的问题及时反映到课程教学中，同时引导学生将所学习的理论知识结合生产实际加以应用，以取得教学和生产双赢的效果。工厂企业对这种合作培养人才模式提供了积极的支持，不仅欢迎教师和学生经常去实习和研究，解决生产实际中的各种问题，还对做出重要贡献的院校和教师给予一定鼓励和奖励，甚至调拨一些新的设备供院校使用。

4. 多科技术学院与企业进行研究和咨询合作。科学研究与咨询服务是高校的使命，同时是企业赖以生存的根基。两者的合作为高校与企业提供了发展的助力，为科技创新提供了助力。英国政府科技政策的引导和倾斜在大学科研面向产业领域的技术创新活动中起着重要的推动作用。英国政府把促进产学结合作为政策制定的起点，并且制定了一系列的措施，如减免税收等来鼓励企业对科技创新的支持。同时，政府为了促进科技发展及科技向生产力转化，通过设立和实施一系列的奖励计划，逐步完善旨在鼓励科技创新和推进科技与产业紧密合作的奖励机制。

三、英国多科技术学院校企合作的办学体制

尽管多科技术学院的经费是中央和地方各承担一半,但主要由地方政府领导管理。地方成立教育委员会,其人员由政府教育局、企事业单位、社会名流代表和院校负责人组成。教育委员会负责院校的经费及办学方针、系科设置、院校领导任免及其他重大改革事项。地方教育局负责教学、招生、就业和管理等事务。地方政府责任制充分调动了地方办学的积极性,为毕业生就业,特别是创造对口就业机会提供了有力保障。

多科技术学院的理事会由地方政府、学校(包括教师和学生)、企事业和工会代表组成,其中地方政府代表所占比例一般不超过 1/3。①《行政备忘录》要求理事会成员中必须有 6 位教工代表。每所学院都设有学术委员会,负责学院学术活动的规划、协调和开展,校长兼任学术委员会主席,委员会成员包括各系主任、高层管理人员和由选举产生的教师和学生代表,规模一般在 50 人左右。在绝大部分学院,非选举产生的学术委员会成员超过总数的一半,且学生代表的平均比例为 12%。

英国多科技术学院以公立为主,企业并不直接参与办学,而是通过其在学院理事会中的代表传达企业对专业人才的需求。另外,因多科技术学院的课程设置需要地方政府的批准,企业通过其在地方政府中的代言人也可以传达意见。

四、英国多科技术学院校企合作的质量保障

英国高等教育重质量不重数量的传统在多科技术学院也有所体现。一是多科技术学院的数量不多,不以单纯地减轻升学压力、满足学生接受高等教育的愿望为目的。二是力求保证新生的质量,对入学者的学历和学业成绩都有明确的要求,虽然其录取标准稍低于大学,但与有些国家的同类院校所采取的门户开放、来者不拒、不同学历、不看成绩的做法截然不同。三是总是保持较高的水平。从课程设置看,不仅设有文凭课程,还设有能取得传统大学相同学位的学位课程和研究生课程。由于这些课程都在同一学院内开设,无论在师资还是设备等方面都能得到一定的保证,从而对文凭课程的质量起了积极的影响。从系科设置看,学院的多科性也是提高教学水平的一个方面。从学院担负的任

---

① 孙敏.英国多科技术学院调研报告(上)[J].世界教育信息,2013(9):43—44.

务看，许多国家的同类院校只承担教学任务，基本上不搞科研或搞得很少，多科技学院则同时承担科研任务，普遍与当地工厂企业签订合同，解决它们生产和技术中存在的问题。这种科研任务与一般大学的科研有所不同，大多侧重于应用，但也有利于学院教学水平的提高。另外，通过合同从工厂企业得到的经费也是学院的一个重要财政收入。

多科技学院是在政府选定的技术学院的基础上通过直接升级或优化合并建立起来的，政府选择这些学院的参考因素包括办学水平、办学条件、学科专业、地域分布、产业需求等。政府对办学标准的控制体现在院校的课程设置上。多科技学院的课程设置需要经过相关政府部门的批准，颁发高等教育文凭或学位的课程还必须要国家学位授予委员会审议通过。

英国高等教育历来具有较强的自治传统，相对而言，英国政府很少颁布与高等教育有关的教育法令。20世纪中期以前，政府在高等教育领域的主要职能就是提供经费，高等教育机构在教学、科研、学术等方面都享有高度自主权。到20世纪后半期，英国政府对高等教育领域的介入逐渐增多，并颁布了一些与之相关的法令，出台了相关政策。英国教育与科学部于1966年发布的《关于多科技术学院和其他学院的计划》白皮书，正式揭开了多科技术学院建设的序幕。白皮书之后的1968年2号《教育法》对多科技术学院中学院理事会的建立提出了进一步要求。1988年，英国政府通过的《教育改革法》还特别强调，多科技术学院要更有效地为经济发展服务及同工商界建立更为密切的联系，并通过灵活调整学生招录工作实现教育公平。1991年发布的《高等教育：新的架构》白皮书，英国政府同意多科技术学院升格为大学。[1]这些法律文件的颁布为英国多科技术学院的健康发展提供了强有力的制度保障。

第四节　澳大利亚高校的校企合作

澳大利亚的高等教育质量与科研水平在国际上享有盛誉，其高等教育主要由两部分组成：大学教育和职业教育与培训。其中，大学教育主要包括研究型大学和新兴的科技大学。澳大利亚新兴的科技大学也就是通常所说的应用型大学，它与职业教育都非常注重校企合作。

---

[1] 孙敏.英国多科技术学院调研报告（下）[J].世界教育信息，2013(11)：32.

一、澳大利亚应用型高校的教育环境

澳大利亚教育系统中一个比较大的特点就是非常鼓励和重视应用型高校的发展，尤其重视职业化教育，形成了很多的技术和继续教育学院（TAFE学院），同时在制度设计上鼓励学生接受职业教育。

澳大利亚的职业教育都已纳入义务教育体系，这为职业教育的快速发展奠定了重要基础，为职业教育确定了一个合理的位置。将职业教育纳入义务教育体系，这一做法表明各级政府有义务为职业教育的发展提供经费，并要得到法律和制度保障，而且人们对职业教育的看法也将随之改变，职业教育的地位也随之得到提升。

澳大利亚应用型教育的发展遥遥领先世界其他国家的一个重要原因是其教育分流机制比较合理：在小学毕业时就根据学生的个体差异进行了合理的分流，初中毕业时再次分流，学生都能够根据自己的能力差异和兴趣爱好选择适合自己的教育类型，大部分学生都选择接受职业教育。

1. 构建职业教育及其与其他类型教育相互沟通的机制，满足人们的多元教育需求。为实现在国家资格框架下各类教育领域的顺利衔接，澳大利亚的技术职业教育与大学之间建立了良好的合作关系。一方面，经过双方协商，大学可以承认TAFE学院开设的证书、文凭及高级文凭等资格课程，并减免学分；另一方面，实力强的TAFE学院也可以作为大学分校，授权开设大学的学位课程，甚至自行开发学位课程。例如，斯威伯尔尼科技大学（Swinbume University of Technology）是一所在高等教育和职业教育领域都有涉足的双领域的科技大学，是在澳大利亚比较知名的可以同时提供面向就业的职业教育与培训，以及面向研究的大学教育的多学科的应用型大学。[①]澳大利亚许多州规定，具有中等职业教育和继续职业培训资格的学生可报考大学；澳大利亚体系内部六级证书教育相互沟通，体系外部与普通教育也相互沟通，规定人员只要取得高级专科文凭，就可免试直升大学攻读学位。澳大利亚的职业教育采用模块化课程与教学，学生所学课程、所取得的学分、获得的证书、文凭无论是在职业教育体系内，还是在职业教育体系外，都可以得到一定程度的相互承认。这些举措为满足人们多元化的教育要求提供了许多便利，有利于提高职业教育的地位，促进职业教育的发展。

---

① 陶秋燕. 澳大利亚应用型大学的课程体系及办学特征分析[J]. 北京联合大学学报（教育教学研究专辑），2006(S1): 26—27.

2. 澳大利亚各个高校定位一直保持稳定。澳大利亚传统的 6 所大学都是综合性的研究型大学，其科研教学水平在澳大利亚大学中一直处于领先地位。成立于 20 世纪 80 年代之后的"科技大学"，在办学上始终倾向于职业技术或工业技术教育，没有出现把科技大学盲目转为研究型大学的现象。而以职业教育为主的技术与继续教育学院，始终坚持培养具有较高职业技能的应用型人才和较高动手操作能力的技能型人才的办学目标，不攀升、不求大、不升格，各院校各司其职，从而使澳大利亚高等教育机构始终保持稳定发展。①

二、澳大利亚应用型高校校企合作的多主体模式

澳大利亚应用型高校建立了以需求为导向，以产业推动为力量，以政府、行业和学校相结合为特征，以能力为本位，以学生为中心，政府、行业、企业、学校四方联动的机制，充分发挥政府、行业、企业、学校的不同作用，形成四方联动机制保障的利益共同体。

（一）政府的宏观统筹

在澳大利亚的应用型大学与职业教育中，影响教育与培训发展进程的关键因素是政府，政府所扮演的角色极为重要。政府高度重视并积极引导企业参与应用型大学与职业教育，从鼓励竞争入手，放开培训市场，充分发挥各行各业开展职业培训的积极性。此外，澳大利亚颁布了诸多相关法律，其中不乏针对校企合作的法律，从而使 TAFE 学院与产业合作得到法律法规的规范和保障。例如，《培训保障法》《职业教育与培训资助法》《就业、教育与培训法》等，极大地促进了企业参与 TAFE 学院产学合作的积极性。澳大利亚政府将技术和继续教育视为推动经济发展和社会稳定的重要因素，在资金上给予扶持。《培训保障法》规定"年收入 22.6 万澳元以上的雇主应将工资预算的 1.5% 用于对其员工进行职业资格培训"。《培训保障法》（修正案）规定，免除在执行该法中表现突出者的费用，条件是他们能够证明自己在职业资格培训上的开支达到其年度雇员工资总额的 5% 或更多。1996 年，澳大利亚政府积极推行新学徒制，现代学徒制要求将学校本位的知识、理论学习与企业本位的技能学习相整合。学校和企业共同承担培养技能型劳动者的责任。

（二）行业企业的主导

澳大利亚的应用型教育制度的一大特征就是以行业企业为主导，由行业

---

① 崔慧丽，潘黎.澳大利亚高等教育机构分层与分类的概况、特点及启示[J].现代教育科学，2016(5): 136—137.

探索与实践：校企合作人才培养模式研究

主导的教育与培训体系已成为全世界效仿的标杆和典范。1994年，澳大利亚为了推进应用型教育与培训的发展，成立了国家行业技能委员会。委员会委员由各行业的专家和企业代表组成，主要任务是负责调查各行业的就业需求，根据职业分析结果，制定出全国统一的职业能力标准体系行业，企业在澳大利亚应用型教育与培训中扮演着咨询者、参与者的角色，从国家宏观决策到学校的具体教学安排，行业的参与无处不在。行业参与TAFE学院办学的全过程，行业参与职业教育发展的顶层设计，尤其是关于TAFE学院发展的重大问题的研究和决策方面提供意见及建议。行业协会在调查企业职业岗位需求的基础上，向政府提供需求导向的能力单元，以确定不同层级的证书标准与不同层级的职业岗位的对应关系。行业和企业同时参与澳大利亚职业教育与培训的经费投入与管理工作，协助各职业教育与培训机构建设实训基地，共同主导参与有关职业教育与培训战略发展宏观政策的制定，并且对各TAFE学院机构办学的全过程进行监控。[①] 行业还为学院充实教师队伍，尤其是鼓励兼职教师到学院授课，以此将行业的最新需求带到学院，切实实现供需对接。行业还为职业教育提供强有力的财力支撑，成为仅次于政府财政拨款的第二大资金来源。

（三）学校的实践推动

澳大利亚应用型高校的目标是培养各行业所需的技能型、实用型人才，特别注重实践教学，注重学生能力的培养。在学习期间更多的是让学生进行实际操作训练，反复实践。对于学生的能力评定非常注重实践考核，具有极强的实践性。澳大利亚的应用型高校建立了以行业能力需求为导向的模块化课程体系，将教学内容、职业资格和就业岗位联系起来，实现证书、就业一体化，从而实现职业技术教育和普通高等教育的有机衔接，促进终身教育的实现。澳大利亚的应用型高校将"能力本位"教育理念作为解决"高分低能""重知轻能"等问题的良方，将行业、企业所要求的内容转变成教学目标，学院必须和行业、企业深度合作。能力本位教育理念强调一切教学活动皆以"学生职业岗位能力提高"为目的，以校企合作为途径，以企业的工作项目为载体。为此，教学场所由教室调整到实训基地、生产车间，课程教学由学校教师与企业兼职教师共同承担，教学方法可以采用项目式学习、生产现场培训等多样化的方式进行，教学评价按企业工作岗位能力要求，采用包括现场操作、完成相关岗位任

---

① 汪静.澳大利亚职业教育与培训校企合作长效机制及其启示[J].职业技术教育，2014(8):91—92.

务等，由学校教师与企业兼职教师共同评价。[①]澳大利亚的应用型高校教师的任职条件相当严格，专兼职教师都需要具有教师资格和相关职业资格证书。为保证学生的职业能力、动手操作能力等符合企业要求，有5年企业工作经历是TAFE学院招聘全职教师的必备条件。为了加强与企业的合作，TAFE学院规定教师要定期去企业进行技术实践，同时允许教师每周到企业兼职5小时。

三、澳大利亚应用型高校校企合作的标准框架

澳大利亚政府逐步建立了以能力为本位、以质量为导向、以标准为衡器的校企合作标准框架，为澳大利亚高质量进行校企合作、培养经济社会发展需要的人才提供了强大的支撑。

澳大利亚建立了全国统一的教育与培训资格认证体系。该体系由高中、职业技术教育和高等教育三部分组成，彼此相互衔接。其中，职业技术教育部分横跨高中（相当于我国的中专）、高中后（相当于我国的大专）和高等教育（即大学）三个阶段。这种证书体系把职业教育和普通教育进行了良好的衔接，为之后培训框架和培训包的出现奠定了良好的基础。

澳大利亚建立了严格的质量培训框架。这是为保障全国职业技术教育质量而出台的一项重大举措，也是整个国家职业技术教育体系的基础。它通过一系列的国家标准，规范职业技术教育机构的行为，并为各州、领地政府对职业技术教育机构进行注册、审计和对其开发的"非培训包课程"进行认证，提供统一的依据，从而保障全国职业技术教育的质量。

澳大利亚建立了丰富多样的培训包。澳大利亚联邦政府明确规定，由行业根据国家框架体系负责制定本行业的具体能力标准，集成为培训包，各TAFE学院必须根据培训包的要求设置课程，组织实际教学工作，并对毕业生和受训者的学习成绩进行考核，可见培训包在澳大利亚职业教育中的重要地位。培训包针对不同行业的国家标准，旨在提供一致的传授应用型教育与培训方法和路径，包含能力标准、评估指南和资格框架三大部分内容。培训包是国家性的，目的是提升认证的便利性和通用性。培训包的主要目的是具体说明所需技能，而非这些技能要怎样教或者怎样学。培训包由行业开发。现在培训包的能力标准已覆盖了工作所需要的技能和知识，培训包被认为是推动企业培训行为的一个强有力的工具。甚至可以说，"培训包现已成为培训的最重要途径"。

---

① 张耀.澳大利亚TAFE学院校企合作的特色及其启示[J].教育与职业，2013(26)：108—109.

四、澳大利亚应用型高校校企合作的运行与保障

澳大利亚为保证应用型高等教育校企合作的健康发展，还建立了一整套运行和保障机制。

澳大利亚应用型高校建立了由政府主导、行业协会及骨干企业与学院共同组成的二级学院，实行董事会决策制和院长负责制的管理体制，形成政、行、企、校深度融合的运行机制。在董事会的领导下，进一步深化校企合作体制机制创新，完善决策及人才培养机制，强化经费保障和利益分配机制，提升行业、企业和学校三方合作的水平，提升人才培养质量，增强社会服务功能。董事会是学院最高的决策机构，负责重大事项的决策。二级学院在成立和运营的过程中，重视人才培养机制的创新。除此之外，国家和各州均设立了管理 TAFE 学院的组织机构，如联邦和各州 TAFE 学院的行业培训顾问委员会、各州 TAFE 学院服务处，政府发挥统筹协调作用，实现动力传导、机构联动。

澳大利亚应用型教育校企合作的三大主要参与者分别是政府、行业企业及院校，在校企合作的实践中三者分别承担了不同的角色，三者构成了社会伙伴关系的基本模型，并且按照该模型的原则在不断的合作实践中向前发展。三方有共同的价值导向，校企合作的出发点和归宿是满足行业企业及职业院校的现实利益，因此澳大利亚校企合作的实践过程不仅是学校人才培养与企业岗位需求的技术对接，还是学校文化与企业文化的沟通。校企合作的保障机制是一个开放的、循环的系统，应用型教育组织提供的教育产品能够满足行业企业对其的消费需求，同时各级政府和相关管理机构能够与行业企业合作提供职业信息和课程资源，加上经费的投入，保证了生产和消费的平衡。因此，这个保障机制各部分能和谐共生。

第五节 日本高校的校企合作

日本在经历了长达近半个世纪的持续发展后，自 20 世纪 90 年代以来进入了相对低迷的状态。在日本经济发展长期的停滞时期，转变经济发展方式势在必行。建立政府搭台、校企协同创新成为日本高校、企业和政府共同关心的课题，日本社会各界也更加注重产学研合作。政府提供服务、企业提供支持、高校致力于成果转化的教育模式，为推动日本创新发展起到了良好的推动作用。

一、日本政府的大力推动

第二次世界大战后，日本政府逐步意识到校企合作的重要性，采取了一系列措施营造良好的环境，大力推动校企合作的展开。

1. 加大合作平台建设。日本政府认识到唯有自主创新、建立高科技产业才是使日本经济复苏并保持世界领先的关键，其中加强校企合作、加大政府政策支持是主要的途径。于是一系列的机构应运而生，如地域合作开发中心、地域共同技术中心、产学合作推动中心等。政府旨在通过这些专门机构来负责本地区的研究开发工作。作为产学合作的样板，日本44所国立高等专科学校中，有39所设置了地域共同技术中心，为学校科研成果的转化和推动校企合作提供了支撑平台。

2. 加大合作制度建设。为了促进大学与产业界的联合，日本制定了许多有效措施，主要包括研究交流促进制度、创造性科学技术推进制度、与民间企业共同研究制度、受托研究制度、受托研究员制度、奖学捐赠金制度、捐赠讲座制度、捐赠研究部门制度等几十项制度，更大限度地发挥产学研的相互作用，加速创造出新技术、新产业的萌芽。

3. 加大合作机构建设。为把校企合作落到实处，日本还专门建立了一整套推进校企合作和产学研协同创新的机构，如日本学术振兴会、理化学研究所、电子项目共同研究机构、新技术事业团的创造性科学技术推进事业、国际超导产业技术研究中心、新一代电子计算机技术开发机构等，这些校企合作研究机构的建立为加强校企之间的交流提供了广阔的平台。

4. 提供政策支持。1996年，日本政府建立了"科学技术振兴事业团"，为校企合作搭建平台。2002年，日本政府出台"协调者"制度，为校企合作提供法律支援。同时，日本政府还提供财政支持，如在《科学技术基本法》《产业技术力量强化法》等政策中规定了政府对双方合作应尽的职责。政府除通过制定和推行一系列法律法规，严格规定校企双方的责任和义务之外，还进一步加强了宏观调控，为合作企业提供经济优惠政策，如对接收实习生的企业给予相应的税收优惠等；组建校企合作中介机构，为合作双方提供良好的发展环境与互利互惠的激励机制。同时，建立有效的评估体制，为合作提供监督与保障。

二、日本高校校企合作共育人才的基本模式

在日本，产学研合作的一个主要方式还是校企合作共同培育经济社会发展需要的人才。校企合作使学校与企业之间优势和劣势互补、人才培育质量较

探索与实践：校企合作人才培养模式研究

高和学校组织机能强化，为日本培育了大量的人才，对经济的复苏与发展起到了积极作用。

在日本，校企合作共同培育人才主要有三种模式：以增加社会实践经验为目标的课程引导模式；以实现就业体验和问题解决为目标的企业实习模式；以传承技能为目标的企业内人才模式。[①] 校企合作中人才培育对象范围广，形式多样。培养对象不限于在校生。针对预期目标实现的不同，以课程引导、企业实习、企业内教育等多种方式实施。通过以政府引导，企业与学校为实施主体的合作人才培育模式的实施，实现人才培养模式的体系化、规范化。政府通过政策颁布、资金补贴等方式对校企合作人才培养起积极的引导作用。在校企合作人才培养过程中，兼顾各参与方利益，实现共赢。企业可以通过校企合作提高知名度、解决问题、传承技能。学生可以通过校企合作体验社会实践、了解工作内容，实现就业。

日本校企合作是一种以企业为主的校企合作教育模式。早在明治时期，日本就有"出产品前先出人才"的口号。在这样的社会背景下，日本一些大型企业纷纷自主办学，为企业发展培养人才。在校企合作过程中，日本高校注重教学过程中课程内容的超前性，注重研究国际新技术，特别是高科技发展的新动向，密切关注国内产业结构的新变化、新趋势及整个市场对人才的需求情况，不断给高校教育提供信息和参考依据，使高校始终走在生产和建设的前沿。日本高职院校在课程的开发设置上严格规定理论课程与实践课程的比例大体在1∶1。

日本政府认为，校企合作要想向纵深发展，并取得实质性的成果，必须加强师资队伍建设，提高"双师"素质院校建立相关制度，鼓励教师深入企业，熟悉企业生产过程并为企业解决实际生产难题。同时，加大新技术、新产品的研发，对重点领域和政府扶持项目进行科技攻关，促进产业升级，为企业创造效益，从而赢得企业的尊重，提高教师在企业中的影响力。教师除了要具有本科以上学历以外，还要获得职业教育许可证，之后还需要通过每年一次的任职考试。教师必须遵守在职进修制度以保证知识和技能的更新。同时，部分高校还用优厚的薪酬待遇吸引高级人才加入教师队伍。在日本，教师工资一般要比政府公务员的工资高出16%；行业内部的职校教师工资要

---

① 孔令建.日本校企合作中人才培育模式研究综述[J].无锡职业技术学院学报，2017(3)：4—6.

高于其他学校 10%。[①]

三、日本高校产学研协同创新的主要形式

日本高校除了注重加强校企合作共育人才以外，还从促进科研和成果转化入手，加强产学研合作，主要采取了共同研究、委托研究等主要形式。

共同研究是指日本国立大学从产业界接受研究人员和研究经费，大学研究人员和产业界的研究人员就共同研究课题，以对等的立场进行的合作研究开发活动。共同研究的实施主体是企业，以企业为主体的实施项目占共同研究项目的 80% 以上。共同研究的课题主要利用研究机构的科研设施，企业也可提供合作研究设备。需要新购置的设备、消费品及与合作研究有关的水电、取暖费等，由合作双方各负担 1/2。合作研究人员主要以企业为主，研究人员的费用分别由各合作单位负担。合作研究的成果由双方共同享有。

委托研究是指政府部门和公益性机构等委托大学实施的研究活动。项目所需研究经费由委托者负担，委托者只出经费，并不派出研究人员。委托方主要是公立机构，也可来自其他国家或国际组织，企业法人作为委托方的约占 20%。

四、日本高校校企合作的运行机制

日本政府注重构建校企双方共同参与合作的运行机制。从政府层面，在法律和政策的引导下，政府鼓励大学与企业和科研院所建立长期合作关系，建立大学生实习实践基地群。此外，积极鼓励高校专家教授到企业进行讲学或培训；鼓励企业内部的技术专家参与到大学的教学及实验过程中，实现专业课教学与社会人才需求之间的匹配，从而保证大学的课程设置能与市场发展相匹配。高校在学制上规定在读期间学生在完成学校要求的专业课程学习之外，必须参加企业的实践训练，这两方面都合格了才能准予毕业；如果学生没有完成学校和企业共同指定的科研或实践任务，那么学生将无法顺利毕业。相应的企业会为学生提供实践酬劳及一定的培养经费，学生毕业之后如有想进入企业就业的，会得到优先选拔机会。

日本校企合作通过市场机制，逐步形成了政府—高校—企业深入合作的

[①] 黄燕.日本高职校企合作对我国高职教育的启示[J].南通纺织职业技术学院学报，2011(2): 102—103.

长效运行机制。[①]一是建立了符合校企双方的利益机制。校企深入合作的外部动力来源重点是市场需要、政府的引导和科技进步需要，而来源于企业及高校内部的利益驱动，以及自身诉求成为促成校企合作的核心因素，在财务上当前校企合作利益分配方式主要有固定支付、提成支付、混合支付和按股支付四种方式；二是建立了校企合作办学需要的优势互补机制。校企深度合作在选取合作对象上保证了合作目标一致，保证了优势互补；三是建立了校企深度合作的激励机制。政府应在鼓励高校与企业合作方面采取更为高效的激励举措，如项目经费、税收减免、人员管理、职称评聘等方面的鼓励政策，从而吸引高校与企业深入开展校企合作。

从以上发达国家加强校企合作的做法来看，校企合作教育对强化实践教学、提高应用型人才培养的质量、促进高校应用型科学研究和成果转化发挥了积极而富有成效的作用。它们发展得比较早，也比较快，已经比较成熟，在校企合作教育方面的发展历程与现状、模式与做法有各自的特点。它们都形成了良好的社会环境，完善了相关的法律制度和政策，理顺了校企合作的体制机制，较好地发挥了政府的引导作用、行业企业的参与作用和学校的主体作用，学校和企业充分发挥了各自的优势，形成了"产学双赢"的局面。

地方院校在我国高等教育体系中已经占了"半壁江山"，每年我国培养的应用型人才达到百万以上，国家对地方院校和应用型教育推动我国实施"科教兴国""人才强国"战略寄予了殷切期望。深入了解发达国家校企合作教育的成功经验，汲取精华，积极实践，勇于探索，是提升地方院校和应用型教育办学水平的必经之路。我国应该不断优化地方院校校企合作的社会环境，完善法律、法规、政策与职能机构建设，大力推动适合我国国情、能紧密贴合应用型人才培养目标的各种校企合作教育模式，大力开展校企协同创新和应用型科学研究，及时发现问题并不断调整策略，及时总结成功的经验，逐渐形成多种适合各类地方院校的校企合作教育模式，进一步提升校企合作教育的质量，推动应用型人才培养水平的提升，提升地方院校的应用型科研能力和服务社会能力。

---

① 田雅志.日本校企合作办学经验对国内校企合作办学机制的启示[J].中国培训，2016(12)：284—285.

第五章　基于校企合作的旅游人才培养模式

当前，国内旅游业快速发展，随着旅游业规模、质量等的提升，旅游人才的需求也越来越旺盛。因此，新型旅游人才的培养对我国旅游业的蓬勃发展起到了有力的推动作用。在校企合作的模式下培养旅游专业人才，让旅游人才得到理论知识和实践技能的提升，使旅游专业院校能够同旅游企业进行资源的共享。本章探索了校企合作模式下旅游人才的培养模式，提出了旅游人才创新创业能力培养的优化策略。

第一节　旅游人才培养校企合作的相关概念

一、旅游人才培养的相关概念

（一）"旅游人才"的概念

"人才"一词最早见于典籍，是在《诗经·小雅》注中："君子能长育人才，则天下喜乐之矣。"在古代，人才多指有德行、有才干的人。在《辞海》中，关于"人才"的解释有三种：一指有才识学问的人、德才兼备的人；二指才学，才能；三指人的品貌。当代学者对人才给出了不同的定义。例如，叶忠海将人才定义为"在一定社会条件下，具有一定知识和技能，能以其创造性劳动，对社会或社会某方面的发展，做出某种较大贡献的人"。王通讯则认为，"人才就是为社会发展和人类进步进行了创造性劳动，在某一领域、某一行业或某一工作上做出一定贡献的人"。[1] 罗洪铁认为，人才是"那些具有良好的内在因素，能够在一定条件下通过不断地取得创造性劳动成果，对社会的进步和发展产生了较大影响的人"。[2] 在他们的研究中，对人才的界定存在几个共同点：一是对人才劳动的性质，都强调"创造性"；二是对人才劳动的进步

---

[1] 陈春.中国视角的人才需求[J].农村金融研究，2005(7)：40—41.
[2] 张燕花.罗洪铁人才思想初探[J].价值工程，2015(4)：288—289.

性，都强调"贡献"；三是对人才劳动的社会历史性，都强调"在一定社会条件下"。从中可以看出，人才是一个相对的、发展的概念。

我国政府曾把"具有中专及以上学历或初级以上专业职称"作为人才的划分标准。而这一标准带有鲜明的时代特征。随着社会经济的发展，我国政府做出了人才资源是第一资源的科学论断，将"人才"定义为存在于人民群众之中。只要具有一定的知识或技能，能够进行创造性劳动，为推进社会主义物质文明、精神文明建设在建设中国特色社会主义伟大事业中做出积极贡献，都是党和国家需要的人才。此外还突出强调了选人用人要"四不唯"，即"不唯学历、不唯职称、不唯资历、不唯身份"，体现了"大人才"观，更为全面地反映了人才的广泛性、大众性。2010年发布的《国家中长期人才发展规划纲要（2010—2020年）》，将人才定义为"具有一定的专业知识或专门技能，进行创造性劳动并对社会做出贡献的人，是人力资源中能力和素质较高的劳动者"，并明确指出"人才是我国经济社会发展的第一资源"，更具有时代感和导向性。

旅游人才，狭义的理解是直接为游客从事旅游服务的人员，如导游、饭店从业人员等；而广义的旅游人才是指在"食、住、行、游、购、娱"旅游六要素各个岗位上从事旅游服务工作的从业人员，涵盖行政、服务、技能、管理、销售、设计、客运、会展等各个工作种类。具有一定的文化知识、熟练的专业技能、良好的职业道德和操守，能为旅游业的发展起到一定推动作用的从业人员，被称为旅游人才。

（二）"旅游人力资源"的概念

1."人力资源"概念的提出

当代著名管理学家彼得·德鲁克于1954年在其著作《管理的实践》一书中首次提出"人力资源"这个概念。在这部学术著作里，彼得·德鲁克指出："和其他所有资源相比较而言，唯一的区别就是它是人"，是具有"特殊资产"的资源，相比而言，人力资源的"协调能力、融合能力、判断力和想象力"等素质是别的资源所不具备的。作为一种特殊资源，人力资源必须通过有效的激励机制才能开发利用，并为企业带来可见的经济价值。

2.对"人力资源"概念的不同定义

对"人力资源"的定义，学者给出了不同的解释。归纳一下，可以分为以下两类。

（1）从能力的角度定义"人力资源"。部分学者把人力资源看作是人所具备的某种能力。例如，陆国泰把人力资源定义为社会组织内部全部劳动人口中蕴含的劳动能力的总和。张德认为，所谓人力资源，是指能够推动整个经济和社会发展的劳动者的能力，即处在劳动年龄的已直接投入建设和尚未投入建设的人口的能力。萧鸣政则把人力资源视作劳动过程中可以直接投入的体力、智力、心力的总和及其形成的基本素质，包括知识、经验、品行与态度等身心素质。朱舟提出，所谓人力资源，是指包含在人体内的一种生产能力，它是表现在劳动者的身上，以劳动者的数量和质量表示的资源，对经济起着生产性的作用，并且是企业经营中最活跃、最积极的生产要素。赵景华认为，人力资源是指能够推动整个经济和社会发展的具有智力劳动和体力劳动能力的劳动者，即已直接投入建设和尚未投入建设的人口的能力。郭洪林等则认为，人力资源是指能推动整个经济和社会发展的劳动者的能力，即处在劳动年龄的，已直接投入建设和尚未投入建设的人口的能力。

（2）从人的角度定义"人力资源"。也有一部分学者是从人的角度来定义和解释人力资源的。例如，廖泉文认为，所谓人力资源，即能推动整个经济及社会发展的具有智力劳动和体力劳动的能力的人们的总称，包括数量及质量两个指标。陈远敦等将人力资源视为能够推动社会和经济发展的具有智力和体力劳动能力的人的总称。董克用提出，所谓人力资源，就是指人所具有的对价值创造起贡献作用，并且能够被组织所利用的体力和脑力的总和。郑晓明认为，人力资源是指存在于人体的智力资源，是指人类进行生产或提供服务，推动整个经济和社会发展的劳动者的各种能力的总称。于桂兰等认为，人力资源是指人拥有的知识、技能、经验等"共性化"要素和个性、兴趣、价值观、团队意识等"个性化"要素以及态度、努力、情感等"情绪化"要素的有机结合。[1]

综合以往研究，可以看到学者们是从不同的角度来理解人力资源及其内涵。然而，人是一种具有相应能力的主观能动个体，因此对人力资源的界定不能忽略其能力的本质属性。为此，从能力的角度出发来理解"人力资源"的含义会接近其本质。同样，对于资源来说，既是社会财富的重要源泉，又是其与其他物质形成差异化的基础所在。在人与资源融合的过程中，人对价值创造的形成起贡献作用的不是别的，而是人所具有的知识、经验、技能、体能等能力，这也是必不可少的。从这个意义上讲，人力资源的本质就是一种特定的能力，而具体的载体则是作为社会经济个体的人。

（三）"人才培养模式"的概念

---

[1] 于桂兰，王弘钰."三要素"人力资源定义探讨[J].人口学刊，2005(1)：43—46.

探索与实践：校企合作人才培养模式研究

随着我国教学改革的发展及深入，20世纪80年代后期出现了"人才培养模式"这一概念，自此开始了将"人才培养模式"作为独立概念进行研究的阶段。20世纪90年代至今，无论是政府主管部门、科研院所和高校的理论研究者，还是旅游教育工作的实践者，都试图从不同的角度对此命题进行解释，对"人才培养模式"概念的理解也在这一过程中得到深化和发展。目前，关于"人才培养模式"的概念归纳如下：

1. 从目标、方式的角度界定"人才培养模式"

教育部印发了《关于深化教学改革，培养适应21世纪需要的高质量人才的意见》，将人才培养模式这一概念的内涵界定为"学校为学生构建的知识、素质结构，以及实现这种结构的方式，它从根本上规定了人才培养特征并集中地体现了教育思想和教育观念"。

周远清认为，"人才培养模式实际上是人才的培养目标、培养规格和基本培养方式。它决定着高校人才的基本特征，集中体现了高等教育思想和教育观念"。①

陈祖福指出，"所谓人才培养模式，是指为受教育者构建什么样的知识、能力、素质结构，以及怎样实现这种结构的方式"。②

围绕着旅游人才培养目标，黄继元将"旅游专业人才培养模式"定义为，"该专业为学生构建的知识、能力和素质结构，以及实现这种结构所实施的教育组织原则和方式，它包含了旅游专业的培养目标模式、教学模式、课程模式、教学管理模式、毕业生就业模式等"。

2. 从结构的角度界定"人才培养模式"

龚怡祖认为，培养模式是"在一定的教育理论和教育思想指导下，为实现培养目标，包括培养规格而采取的培养过程的某种标准构造样式和运行方式，它们在实践中形成了一定的特征或风格，具有明显的规范性与系统性"。在其撰写的《论大学人才培养模式》一书中，他进一步提出"培养模式是以某种教育思想、教育理论为依托建立起来的既简约又完整的范型，以实现培养目标"，并首次系统地从理论上阐述了人才培养模式概念的组成要素，即"专业设置、课程体系、培养途径、教学运行机制、教学组织形式及淘汰模式"，形

---

① 林玲.高等院校"人才培养模式"研究述论[J].四川师范大学学报（社会科学版），2007(4)：110—117.

② 林晓.略论高校人才培养模式改革的问题与策略[J].科学时代，2015(4)：147—148.

成了高等教育（包括高等职业技术教育）人才培养模式研究的基本框架，从而在理论上奠定了人才培养是作为一个培养过程所决定的多种教学要素相结合的完整体系的基础。李硕豪认为，"培养模式是为实现人才培养目标而把与之有关的若干要素加以有机组合而成的一种系统结构"。①

刘凤菊等认为，"人才培养模式指人才的培养目标、培养规格、培养方案。它集中反映在人才培养计划（教学计划）上，包括专业培养目标、人才培养规格、学生知识、能力、素质结构、课程体系、教学内容及培养过程等"。②

马国军对人才培养模式的定义是，"在一定的教育思想指导下，人才培养目标、制度、过程的简要组合，是为了实现特定的人才培养目标而构建起来的人才培养结构和策略体系，它是对人才培养的一种总体性表现"。③

姜士伟则将人才培养模式定义为，"在一定的教育理念（思想）的指导下，为实现一定的培养目标而形成的较为稳定的结构状态和运行机制，包括教育理念，培养目标、培养过程、培养制度、培养评价"。④

刘福军认为，人才培养模式是指"学校为实现其培养目标而采取的培养过程的构造样式和运行方式"，它主要包括师资队伍、课程模式、教学设计、教育方法、培养途径与特色、实践教学等构成要素。

3. 从综合、过程的角度界定"人才培养模式"

韦巧燕则将其视作"实现培养对象成才的完整的教育过程"，认为人才培养模式是"在一定的教育理论、教育思想指导下，按照特定的培养目标和人才规格，以相对稳定的教学内容和课程体系，管理制度和评估方式，实施人才教育的过程的总和"。

有些学者从综合的角度对"人才培养模式"进行了界定，如刘光临将人才培养模式定义为，"在一定教育思想和教育理论指导下，学校为人才培养目标构建的知识、能力、素质结构方式和实现结构方式采取的某种构造和样式，以及在长期实践中形成的具有稳定性、系统性和典型性的明显风格和特征"，其构成要素包括人才培养目标、专业设置、课程结构、教学过程组织及教学质量监控。陈厚丰等认为，"所谓的大学人才培养模式是指在现代大学培养理念

---

① 龚怡祖.论大学人才培养模式[M].南京：江苏教育出版社，1999.

② 刘凤菊，王新平，韩启峰.本科院校高职教育人才培养模式研究报告[J].中国成人教育，2001(5)：52—53.

③ 马国军.构建创新人才培养模式的研究[J].高等农业教育，2001(4)：19—21.

④ 姜士伟.浅析人才培养模式的概念、内涵及构成[J].山东省青年管理干部学院学报，2008(2)：77—80.

和理论指导下建立起来的比较稳定的大学人才培养活动的结构框架和活动程序",并强调建立"结构框架"的目的在于对宏观把握人才培养活动整体及各要素之间内部关系的功能以指导,而"活动程序"则主要是突出人才培养模式的有序性、可控性和可行性。① 刘红梅等认为,"培养模式是教育思想、教育观念、课程体系、教学方法、教学手段、教学资源、教学管理体制、教学环境等方面按一定规律有机结合的一种整体教学方式,是根据一定的教育理论、教育思想形成的教育本质的反应"。②

魏所康则认为,"人才培养模式就是一定教育机构或者教育工作者群体普遍认同和遵从的关于人才培养活动的实践规范和操作样式,它以教育目的为导向,以教育内容为依托,以教育方法为具体实现形式,是直接作用于教育者身心的教育活动要素的总和,它反映于教育模式之下,具体教育方法之上这样一个区间的教育现象"。③

从以上对人才培养模式概念的界定中我们可以看出,在"人才培养模式"的外延与属性的规定上,无论是官方还是学者们,尚未达成一致意见,其分歧主要在于以下几点:

在对"人才培养模式"的外延与构成的把握上,一种是将其过度泛化,如将其视作目标、制度、过程的简要组合,或整个管理活动的组织建构方式。这类定义将"人才培养模式"的外延过于泛化,以致扩大到整个管理活动的范畴。另一种是将其过度缩小化,如将其视作课程体系、教学方法、手段、资源、管理体制、环境等多方面有机结合的整体教学方式,将培养模式的内涵缩小至教学活动范畴。

在对"人才培养模式"属性的认识上,一类侧重于结构,认为模式本身是由若干要素组成的结构,因此人才培养模式就是若干与人才培养相关的要素构成的结构,是"在一定的教学思想、观念的指导下,根据培养目标的要求,构成人才培养系统诸要素之间的组合方式及其运作流程的范式"。另一类侧重于过程,如认为"人才培养模式是实现培养对象成才的完整的教育过程",将培养模式视作对培养过程的谋划、设计、建构和管理,是一种总体性的表述。

---

① 陈厚丰,谢再根.论大学创造性人才培养模式的构建与实施[J].江苏高教,1999(4):43—46.

② 刘红梅,张晓松.21世纪初高教人才培养模式基本原则探析[J].齐齐哈尔医学院学报,2002(5):589—590.

③ 魏所康.培养模式论[M].南京:东南大学出版社,2004.

在对"人才培养模式"的构成要素的认识上,学者们的界定包括"两要素"(培养目标和培养方法),"三要素"(培养目标、培养过程、培养方法),"四要素"(培养目标、培养过程、培养制度、培养评价),"五要素"(培养目标模式、教学模式、课程模式、教学管理模式、毕业生就业模式),"多要素"(培养目标、选拔制度、专业结构、课程结构与科学设置、教学制度、教学模式、校园文化、日常教学管理)等。这些界定有些过于简单,如"两要素",有些只是对构成要素进行了更为细致的划分,甚至过于琐碎,如"多要素"。

综合相关学者的观点,笔者认为,"人才培养模式"是指在一定的教育理念指导下,为实现人才培养目标而形成的较为稳定的范式化的结构状态和运行机制。其基本构成要素包括培养目标、培养过程、培养方法、培养评价。这个概念基于以下几方面提出:

第一,人才培养模式必须以相应的教育思想及理念为指导。人才培养模式从表面上看,是关于人才培养及教育活动的安排,可是其内核却是在某种价值理念指引下对教育方式的选择。教育思想和理念渗透在人才培养模式的各个组成部分之中,对人才培养模式的建构起着关键作用。任何一种人才培养模式都是某种教育思想及理念的反应,是其具体化的表现形式。

第二,人才培养目标是人才培养模式的前提和关键。人才培养目标是教育理念的具体化,指引着人才培养活动的方向,对人才培养提出了标准及具体要求。可以说,人才培养目标是整个人才培养模式构建的前提,也是最关键的因素之一。

第三,人才培养模式具有相对的稳定性和范式性。人才培养模式应是一种稳定的、可被模仿操作的标准样式。它的构成要素是可以被实践检验,并在实践中反复操作的,具有范式性。从这个意义上说,人才培养模式应是结构性的,体现在目标价值取向上具有内在逻辑联系,整个培养过程在体现本质特性的诸要素之间形成相对稳定的组合。

第四,人才培养模式应具有发展性和修正功能。虽然人才培养模式应该较为稳定,是一种范式性的模式,但是并不意味着它是一成不变、不可调整的。人才培养模式本身应随着培养目标的变化而不断调整,根据培养评价的结果进行修正和完善。换言之,其自身具有不断发展的特性和修正功能。

二、基于校企合作的旅游人才培养的理论基础

(一)"教育与生产劳动相结合"的教育原理

教育与生产劳动相结合的理论是由马克思、恩格斯提出的,并经过实践

检验的教育方针。教育与生产劳动相结合是学校教育与社会实践相结合,也是学校教育和企业实践相结合。旅游人才培养办学模式存在单一性,考核准则存在重理论知识、轻实践技能的问题。旅游专职教师满足于对学生进行"填鸭式"教学,而缺乏对学生综合应用能力的培养;旅游专业的学生也满足于掌握课本知识,缺乏对实践学习的重要性的认识。同时,学校对教师和学生的考评也仅仅是课本知识,没有将社会实践加入考评中去,这也是制约学生理论与实践相结合的一个栓结。众所周知,理论源于实践,并在实践中不断发展,脱离实践的知识很难与时俱进,这种单纯的学校教育具有一定的滞后性,不利于学生的就业。而旅游院校与旅游企业进行校企合作正是解决这一问题的重要途径,有利于解决教育理论与社会实际相脱节的现状,有利于解决毕业生难就业与高端旅游人才短缺的现状。在旅游企业的帮助下,院校将以市场为导向及时转变教学理念、教学计划、考核目标等。旅游院校校企合作不仅可以让学生所学的理论知识及时回到实践中去检验,还可以从实践中得到新的相关知识和专业技能,通过查漏补缺为学生就业做好充分的准备。

(二)CBE教学系统能力本位教育思想

能力为本位教育思想早在20世纪六七十年代的国外职业教育界已经出现了,简称CBE(Competency Based Education)。[①]CBE的核心是从社会职业岗位的实际需要出发,确定岗位职责,以培养学习者的能力。课程开发委员会由相关行业知名企业家组成,承担着制订所需能力的培养分解表,设置专业课程,组织学习内容,最后考核的任务。CBE是一种以能力为基础的教育体系,由四部分组成:分析职业目标、制订模块大纲、个性化学习和科学有效管理。

CBE模式的基本特点:一是教学内容和考核标准的确定,以职业行为能力为依据;二是由来自企业的专家对职业行为能力的培养结果进行分析,以保证分析的客观性;三是模块式课程以综合能力和专业能力培养为基础;四是学生先了解所需的能力和准则,再进行专业知识的学习;五是学生进行自学和自我评价的个别化学习,其中教师只是组织者和管理者。CBE模式的最大特点就是目标具体,针对性强,将培养学生具备从事特定职业的专业技能作为教学目标。

CBE模式符合我国旅游人才培养校企合作的要求,符合培养职业性鲜明、实践性突出的旅游人才的要求。CBE模式以能力为基础,重视知识的综合、核

---

① 刘清峰.我国高职教育能力本位的缺陷与发展建议[J].中国高等教育评估,2009(4):32—35.

心知识的掌握及能力的"概念整合"。以能力本位和市场导向培养人才的CBE模式对我国以知识灌输为主的传统高等教育理念带来了冲击，也为我国高等教育校企合作提供了一个重要的理论基础。

（三）福斯特的"产学合作"论

福斯特是一位国际职业教育界具有代表性的教育学家，是一位研究职业教育理论的杰出学者。福斯特提出，职业教育的重点是在职培训，倡导"产学合作"，反对"技术浪费"。[①] 这一理论中的"技术浪费"是指学校所培养的学生一部分尽管技术达标却找不到对口工作，一部分由于所学专业供过于求而失业，从而造成职业教育的浪费。福斯特认为，导致"技术浪费"的原因有两种：一是培养的人才不适应市场需求；二是职业前景和报酬偏低造成人才流失。为解决这一现象，福斯特提出从以下几方面入手：一是鼓励企业主动制订培训计划，企业比职业院校更了解所需人才的要求和标准；二是以市场对人才技能的需求指数为导向，并坚持"谁受益，谁投资"的原则。福斯特主张发展多种形式的职业培训，提出对现有的职业院校进行以下三方面的改造：一是控制学校规模，以区域经济发展实际需要来调整学校的规模；二是改革教学课程，开设工读交替的"三明治"课程和时效性强的短期培训课程，并增加学生进入企业实训的机会；三是改变生源比例，培训经费由用人企业负担，生源以在职人员为主。福斯特指出，职业教育企业本位优于学校本位，"产学合作"必然要代替学校本位。结合福斯特的"产学合作"，在我国的旅游人才培养发展中应适当加大旅游企业的参与力度，企业与学校一起承担职业教育责任，培养旅游人才，真正实现"产学合作"。

（四）系统论原理

"系统"一词源于古希腊语，意思是"由部分构成的整体"。今天人们对系统的定义有几十种，其中有人说"有组织的和被组织化的全体是系统"，有人说"有联系的物质和过程的集合是系统"，还有人说"许多要素保持有机秩序，同一目的行动的东西是系统"。各种定义都有自己的正确性。而目前，通常系统被定义为在特定的环境中，由具有某种功能的若干关联性要素构成的有机整体。系统的基本特征有关联性、整体性等。系统论认为，一个事物的整体不是数量上的叠加，而是整体上质的飞跃。整体观念是系统论的核心思想。好的要素不一定组成好的整体，但是好的整体却具有单个要素没有的特性，正如亚里士多德所说："整体大于部分之和"。在旅游人才培养中

---

① 付菊.福斯特的职教思想及其启示[J].华章，2007(11)：122.

进行校企合作，正是系统论原理所要求的。高等院校和旅游企业构成一个相互联系的系统，学校资源和企业资源有机结合在一起，形成一个相互联系、互惠互利的有机整体，其功能必然超过了两者单一的功能。事物是不断变化发展的，以动态发展的眼光看问题是系统论遵循的一个重要原则。以旅游人才需求演变为例，在旅游业发展初期，旅游者只是需要一个向导来带路，随着旅游业的不断发展出现了旅游景区、旅游酒店、旅行社、旅游购物商城等细分产业，相应地对旅游从业人员也有了更细更高的要求，如饭店职业经理人、旅行社职业经理人等。校企合作成为大势所趋，因为旅游高等院校希望所培养的毕业生能找到一份好的工作，旅游企业为了自身更好地发展希望有更多的旅游人才加入。旅游人才的急需与旅游毕业生难就业，为旅游高等院校与旅游企业的校企合作提供了良好的机会。

三、旅游人才培养校企合作的内涵

（一）旅游人才培养校企合作的含义

旅游人才培养由四个条件构成：以受教育者有高中中专等同等学力为教育基础；以培养高层次旅游人才的综合职业能力为核心；以学习至少两年为保证；以授予旅游高等专科或本科进修证明或毕业证书为结果。

校企合作是学校与企业建立的合作，是理论与实践的结合。旅游人才培养校企合作就是旅游高等院校和旅游企业以培养旅游人才为目标而进行合作的模式。旅游校企合作是一种旅游人才培养理论学习与旅游企业实训技能学习有机结合的模式，是一种旅游高等院校与旅游企业互通有无、资源共享的"双赢"模式。

（二）旅游人才培养校企合作的原则

为了旅游高等院校与旅游企业合作能有序长久和深入地开展下去，需要坚持以下原则：

1. 坚持"五个统一"的原则

为了保证校企合作的有序进行，旅游高等院校与旅游企业的合作必须坚持"五个统一"，即领导统一、管理统一、规划统一、实施统一、考核统一。旅游人才培养校企合作坚持"五个统一"的原则，有利于更好地教与学，实现教学的一体化；有利于理论与实践相结合，实现校企双赢的目标。

2. 坚持校企互动的原则

校企合作双方应加强互动，以来促进合作的深入和有效。旅游高等院校应定期邀请旅游企业的高管作为客座教授来学校进行专业技能讲座，并组织旅游专业理论教师到旅游企业对在职员工进行专业知识培训。通过旅游校企互动，旅游高职教师在旅游企业可以学到实践知识和处理问题的能力，有助于"双师型"教师团队的建设；旅游从业人员学到了理论知识，实现了理论与实践相结合，实现了理论与实践一体化。校企合作是旅游企业和旅游高等院校的"双赢之路"，是学生快速成才与就业之路，有利于职业经理人专业素养的提升。旅游人才培养校企合作培养旅游人才，使旅游高等院校与就业市场有机地结合在一起，有利于高等教育更好地服务社会，促进服务旅游业的发展，符合生产力的发展需要。

3. 坚持企业需求的原则

以旅游企业的需求为导向培养旅游人才，是校企合作的基础。旅游高等院校与旅游企业合作以企业需求为导向，有利于旅游人才的培养，有利于旅游专业毕业生的顺利就业，有利于旅游业的蓬勃发展。旅游高等院校的培养目标要根据旅游企业岗位的需求，结合教学要求，合理有序地安排顶岗实习等活动。旅游高等院校应积极主动地选拔最优秀的教师进入企业进行短期社会实践和员工培训。

4. 坚持服务企业的原则

服务企业的原则是高等教育的指导思想，也是校企合作的前提与基础。服务企业的好坏决定着校企合作的成败。旅游高等院校为了保证毕业生的就业率，要主动到企业进行深入调研，了解旅游企业所需人才的数量和质量要求，了解企业的工资待遇、职业规划等；为了保证校企合作的长期开展，旅游高等院校还要坚持关注企业的发展与提升，与企业建立良好的合作关系，积极为促进企业提升开展在职员工的职业培训。

5. 坚持校企双方互利的原则

校企互利的原则是旅游人才培养校企合作长期开展的基础。在旅游人才的实训中，旅游企业有重点培养、优先录用的旅游人才和在职员工再教育的便利。经过旅游企业的实训，旅游高等院校的学生掌握了一定的专业技能并具有了一事实上的职业素养，毕业生的就业率将会得到显著提升。有了校企合作，旅游企业的员工数量和质量得到了保证；有了校企合作，旅游高等院校学生的就业率和毕业后的福利待遇得到了保证。

（三）旅游人才培养校企合作的意义

1. 有利于促进旅游经济的持续发展

长久以来，我国旅游人才培养重理论轻实践，加上培训基地紧张，社会实践做得并不尽如人意，致使旅游人才极度短缺。随着人们生活水平的提高，旅游层次的提高，旅游需求的差异化越来越明显，个性化服务的需求越来越强烈，急需大批能将知识转化为技能的旅游人才。需要决定产出，旅游企业最能明白什么类型、具备什么能力的旅游人才是他们所需要的，所以旅游企业参与到旅游高等院校的教育中来，是一个双方互惠的选择。旅游相关产业正是处于经营体制不完善、人才结构不合理的瓶颈阶段；旅游高等院校缺乏旅游实训基地，毕业生就业困难，若进行旅游校企合作，是解决上述问题的关键。

产教结合，校企合作，不仅能发挥旅游高等院校和旅游企业的各自优势，还能共同培养出旅游发展所需要的旅游人才，是旅游高等院校与旅游企业双赢的最佳模式之一。旅游高等院校和旅游企业的合作是教学与实践的结合，是校企双方双向介入、互相渗透、资源共享、优势互补、效益均沾的模式。旅游人才培养校企合作是实现旅游高等院校与旅游企业现代化管理，加快企业自有人才学历教育和引入新型应用型专业人才的重要途径。由此可见，旅游人才培养校企合作是加速高等教育改革进程，促进旅游经济发展的有效途径。

2. 为旅游院校的学生和教师提供更多机会

旅游高等院校找一些知名的旅游企业进行合作，有利于缓解学校实训基地紧张的压力，有利于为学生提供一个好的就业机会。一个好的企业会有一个好的管理体系、一个好的管理团队、一群好的团队合作伙伴。在这种良好氛围中进行实训，学生不仅可以学到实践知识，还可以提高团队协作能力。每个企业里都会有一批好的职业经理人，带队进行实训的教师通过深入企业，了解旅游企业，使教师不仅能传授给学生知识，还能指导学生和在职人员的实践，也是"双师型"教师培养的一个有效途径。在实训的过程中，学生通过自己的优秀表现，也有机会被旅游企业直接签下，学生毕业后则可直接进入旅游企业就业。

第二节 基于校企合作的旅游人才创新创业能力培养

新时期，旅游业的地位得到了极大的提升，作为战略性支柱产业，面临着飞速发展的新机遇。为适应新形势提出的新要求，作为旅游人才培养的主体，无论是旅游院校、企业，还是政府主管部门、相关行业组织，都必须更新理念，采取更加有效的举措，施行更加符合现代旅游业发展需求的人才培养模式,培养更多高素质的复合型、开放型、创新型旅游人才。

一、创新旅游人才培养理念

随着新时期旅游业的飞速发展、大旅游格局下旅游方式的不断创新、旅游外延的不断扩展,以及旅游新业态和新产品的不断出现,旅游人才培养也迎来了新的发展期。旅游人才培养的目的已发生了改变,仅仅培养一支能满足"吃、住、行、游、购、娱"旅游六要素要求的人才队伍已不能适应新形势的需要,必须创新旅游人才培养理念,培养适应产业发展需求的新型旅游人才。

(一)培养供需对口的适用型旅游人才

之所以说供需对口是新时期对旅游人才的首要要求,是因为任何人才培养的最终目的都是为使其在使用中发挥最大的功效,实现人才的社会价值及个人价值。人才培养供需不对口,没有用武之地,不仅是教育资源的巨大浪费,也是人力资源的巨大浪费。

"以用为本",必须在"用"字上下功夫,培养要学以致用,使用要人尽其才,两者不可偏废。旅游院校等相关人才培养主体,既要看到旅游业发展对旅游人才的巨大需求及其给旅游人才培养带来的全新机遇,对行业发展及人才培养的前景树立信心,又要充分了解旅游业的快速发展及众多旅游新业态的出现对旅游人才的全新要求,找准专业定位,调整培养方向,优化课程设置,以市场思维做好旅游人才的培养工作。要树立"为现实服务"的观念,导向是理论联系实际。

(二)培养德才兼备全面发展型旅游人才

教育最重要的使命是陶冶人性,铸造健康饱满的人格,现代教育应以育人为本,其本质是德育。德育是根本性学习,而学习知识只是工具性学习。没有认识到这一点,那么培养的人只会是"有智商而无智慧、有知识而无文、有文化而无修养、有欲望而无理想、有目标而无信仰"。基于这一理念,注重旅游人才的素质教育、能力提高、知识学习和技能掌握,通过这几方面的全面提升,培养德才兼备的全面发展型旅游人才,就是题中应有之义。

1. 以知识和技能的掌握作为培养旅游人才的基本目标

我国的传统教育十分强调基础扎实,因此在旅游人才培养中,向来最重视知识的传授和积累。虽然知识的更新速度很快,但学习和掌握扎实的基础知识和专业知识,仍是非常必要的。如果说素质和能力的培养相对比较抽象的话,那么知识的传授和学习就相对具体得多。

知识包括通过他人实践经验形成的书本知识和受教育者亲身实践得来的

非书本知识这两方面，知识学习应该是两者互相结合、相辅相成的。正所谓"纸上得来终觉浅，绝知此事要躬行"，但现实中往往是注重前者而忽视了后者。在新型旅游人才培养中，尤其要注重丰富和拓宽受教育者获取知识的渠道，使其能灵活掌握和运用各种知识，将基础知识与专业知识融会贯通，将知识学习与运用融会贯通。这其中，学校的职责就是给学生提供以通识教育为基础的宽厚的专业知识，并为其搭建可塑性强的知识框架，促使潜在的旅游人才发展和成长为适应旅游产业及从业岗位需要的显性人才。

就教育的层次和深度而言，掌握一定的工作实践技能，是教育成果最外在的表现。任何专业的学习，都需要掌握一定的专业技能。而由于旅游业的行业特性，对从业人员技能培养的要求更高。对于应用型人才而言，熟练掌握专业技能，满足具体工作岗位的需要，是最起码的要求。即使对研究型人才而言，也需要了解和掌握必要的专业技能。只有这样，才能使其开展的研究更加符合实际情况，其科研成果更具有针对性和现实指导性。由于我国传统教育中"轻技艺"的思想和倾向，目前在技能培养上出现了两极分化的态势，要么过于注重技能培养而不注重知识和能力的培养，陷于技能培养中，将其视为教育的全部，导致后劲不足；要么过于注重知识传授偏废技能培养，导致培养的人才不接地气，眼高手低。在新型旅游人才培养中，要纠正认识上的偏颇，将学习和掌握一定的专业技能作为人才培养的必要内容。当然，根据不同的人才培养目标对技能的掌握程度应有所区分。

2. 以提升能力与素质为培养旅游人才的终极目标

素质是在人的先天生理基础上，经过后天教育和社会环境的影响，由知识内化而形成的相对稳定的心理品质，包括思想道德素质、文化素质、业务素质及心理素质。其中，思想道德素质是根本、是灵魂，文化素质是基础。素质教育是一种更加注重人才精神的养成和提高、重视人才人格的健全和完善的全新教育。著名教育家赫尔巴特曾将教育目的分成可能的目的和必要的目的。可能的目的是就一个人将来从事何种职业而言；必要的目的即道德的目的，是无论从事何种职业都必须达到的目的，必须具备的完善的道德品格。

强调素质教育，就是指在旅游专业人才培养中，改变传统的简单传授知识的教育理念，更加重视教育学生"做人"的教育理念。由于素质是更加深层次的、内化的东西，因此加强素质教育，要更加注重渗透性、养成性教育，更加注重学生的体验和内化过程。旅游行业作为服务行业，注重细节，从业者必须肯做小事，从基本的为人处世做起，树立服务意识，这样才能培养出基本的素质。

能力是素质的外在表现。能力包括两个层次：一是生存及就业的基本能力；二是自我发展和提高的能力。在培养旅游人才的能力方面，除了培养学生的生存及就业的基本能力，如运用专业知识的能力、分析解决问题的能力、获取信息的能力之外，还要培养学生自我发展和提高的能力，如沟通及社会交往能力、团队合作能力、协调和解决矛盾的能力、自我学习和知识更新的能力、创新能力等。现代社会发展迅速，知识及技术更新的速度也非常快，有学者曾做过相关研究，一个人在大学期间学习的知识，90%在毕业后5年内就会被淘汰或取代。如果学生仅有生存及就业的基本能力，没有自我发展和提高的能力，不能进行自我学习和知识更新，就难以适应现代社会的需求。因此，在旅游人才的培养过程中，必须把对学生能力的培养放在重要位置。

提升能力与素质是培养旅游人才的终极目标。要通过具体的举措，把对人才素质和能力的重视落到实处。

（三）培养灵活应变的创新复合型旅游人才

新时期，旅游业的"战略性支柱产业和人民群众更加满意的现代服务业"的全新定位，要求我们重新认识和把握旅游业的发展形势和格局。科学在不断发展、技术在不断进步、条件在不断改善、环境在不断变化，在此背景下培养的旅游人才，仅仅学习和掌握前人的知识还远远不够，还需要具备面对变化不断创新的能力，而且要善于创新、勇于创新。因此，必须以创新能力及综合素质的培养和提高为核心，加大创新复合型旅游人才的培养力度。

关于创新型人才需要具备的素质，相关学者给出了不同的建议，其中大多数是从创新思维、创新意识、创新能力及创新人格的角度进行分析和研究的。在创新型旅游人才的培养上，要激发人才的创造性思维，启发其思考能力，培养其自信心、对旅游专业及工作的热情、质疑精神以及对创新的渴望。要教育和引导旅游人才采用新技术、新方法、新角度、新途径来观察分析事物，破除"刻板印象"和"惯性思维"，学会举一反三、触类旁通和逆向思维。

复合型是各种能力及潜能的交叉、渗透和融合，是知识复合的逻辑结果。因此，在专业划分上不要过于细碎、狭窄，在课程设置上要留有更多、更广泛的选择空间。要引导学生根据兴趣、爱好及职业发展规划自由选择，进行交叉性学习，让知识在头脑中进行创造性重构，形成每个人独特的复合型知识结构和能力，为其创新能力的培养做好充分准备，以适应知识经济时代对创新能力的需求。

二、构建"H"型旅游学术及应用型人才双线培养模式

(一) 旅游人才培养通道及模式设计的重要性

旅游人才职业发展通道指的是旅游人才的职业发展计划及其现实可能性。职业发展通道的构建需要以完善的职业分类为基础,通过专业技术职务(职称)、职业资格证书、工作岗位提升等方面的培养通道设计,为旅游人才的职业发展提供现实可能性和机会。从旅游人才个人角度看,每个人都有自己的职业认知、职业理想和职业发展目标,职业通道可以让其更加专注于自身的发展方向并为之努力,具有重要的激励意义。正如盖洛普公司提出的"员工敬业阶梯"所示,自下而上分别为"我所得的""我所做的""我的位置""我的发展"。"我所得的"指的是工作条件、工作任务要求等基本需求;"我所做的"指的是企业或组织给予关心与支持,使之有机会发挥能力;"我的位置"指的是个人意见能够被尊重,与组织目标契合且感到工作重要;"我的发展"则指在工作中有机会不断学习和成长,在自我提升中能获得相关支持。个人的发展机会处于这个阶梯的最上端,是从业者工作的高层级目标和内在动力源泉。而当个人到达职业发展的高峰,进一步发展的通道不清晰,缺乏持续向上的可能性时,则本人接受挑战和承担责任的可能性会随之减少,工作积极性及创造力也会随之下降,给个人、旅游企业(组织)乃至社会都将带来负面影响。这就是人才开发中"职业高原"的概念,从反面说明了职业发展通道和人才培养模式的重要性。

从旅游企业(组织)的发展角度看,注重旅游业人才的职业发展通道及模式设计同样是重要而且必要的。众所周知,人才具有发展性、适应性和层次性的特点。发展性是指人才是个发展的概念,人才的培养和开发也是个动态发展过程。今天的潜在人才和一般性人才,经培养明天可能就发展为显性人才和高层次人才。适用性是指人才能力的发挥是相对岗位而言的,要坚持以用为本,人岗相适。层次性是指在人才培养和队伍建设的过程中,需要不同层次的人才梯队,否则将造成人才队伍素质难以提高或人才高消费、一般性人才匮乏的后果。基于人才"三性",旅游企业除了给予员工物质激励和报偿外,还应使其从工作本身获得激励,得到职业规划设计、职务晋升、业务培训以及工作选择的机会,并有机会参与管理,增加荣誉感、集体感和工作成就感,满足其"尊重"和"自我实现"的需求。由此可见,帮助旅游业从业人员设计最优的职业生涯发展规划,提供发展通道,给予其岗位成长和培养的机会,并为其提供良好的外部条件和大力支持,使个人的职业发展与旅游企业(组织)的经营发展

内合，达到双赢，是个十分重要的命题。

从政府和行业主管部门的角度看，要想让人才充分发挥才能，需要其他要素的配合与协调，而这些要素的配合与协调，必须依赖于科学的制度设计。由于政策具有过渡性、不稳定性和偏向性的特点，其实施力度受制于政府的财力投入，而制度具有长期性、稳定性和普惠性的特点，更加注重人才发展空间的营造。因此，要从根本上解决问题，必须建立起点公平、机会公平、规则公平的制度平台。因个人天资禀赋、后天努力程度都不一样，结果不公平是正常的，但市场经济自身发展的要求和政府的责任就是通过公平、合理的人才培养及发展路径设计，实现机会均等和规则公平。

综上可知，公平、合理的旅游人才培养通道及模式设计，无论是对国家、组织还是对个人，都具有十分重要的意义。

(二) 建立"H"型旅游应用型人才双线培养模式

为肩负起培养新型旅游人才的使命，承担起知识创新的职能，必须对现行旅游人才培养体系进行改革，创新人才培养模式。"H"型旅游人才双线培养模式，是对现行"H"型旅游人才培养模式的发展和修正。[①]

就培养目标而言，"H"型旅游人才双线培养模式是基于人才二分法的一种人才培养构想，旨在按照科学规律来划分、培养不同类型的人才，促使学术研究型人才与应用型人才平衡发展的全新模式。

就培养过程和培养方法而言，在"H"型旅游人才双线培养模式中，有两条并行的路径可选择：一条发展路径适用于学术研究型人才，是为旅游学科的学术研究培养专门人才的渠道。有志于从事旅游相关研究工作的潜在人才，可以通过就读普通高中，报考普通高等教育本科、旅游学术研究型硕士生、旅游研究型博士生，完成相关学历教育，在职业生涯发展中最终成长为专业学者。另一条发展路径适用于应用型人才，是为从事旅游相关职业培养专门人才的渠道。任何有志于从事旅游相关应用型工作的潜在人才，可以通过该路径，接受最高层次的教育，并在职业生涯发展中最终成长为产业领袖。在应用型人才培养上，"H"型旅游人才双线培养模式将应用型人才的培养路径拓展至博士阶段，允许职业技术教育体系设置职业教育本科、硕士、博士等培养层级。弥补了现行的"H"型人才培养模式的短板。在研究型人才与应用型人才之间，还搭建了互通的渠道。研究型教育与应用型教育在本科以上层次交叉，应用型旅游专业大专生可升入普通高校就读研究型本科、硕士、博士，而普通高校大

[①] 袁媛.中国旅游人培养模式研究[D].北京：中国社会科学院研究生院，2013.

专、本科亦可升入高等职业院校读本科、硕士、博士，两者并不割裂。这使应用型教育具有纵向向学历层次递进，横向与学术研究型教育沟通的功能，进一步完善了应用型教育体系，达到学术研究型人才培养与应用型人才培养"均衡发展、互相渗透"的目的。

就培养评价而言，"H"型旅游人才双线培养模式更注重根据不同类型人才的特点，进行分类评价。鉴于研究型人才和应用型人才不同的培养目的，以及对其素质能力结构的不同要求，在评价方式上更为灵活、多元，在评价标准上人才工作实绩等将占更大的比重。

不同于个别教学机构的培养模式，"H"型旅游学术及应用型人才双线培养模式是基于系统性和集成性要求提出的，因此在培养目标过程、方法、评价等方面具有多样性。它通过提升和匡正"应用型"人才培养及发展层次，弥补了"H"型人才培养模式的不足，达到双线并行的协调发展态势。"H"型旅游学术及应用型人才双线培养模式在纵向上包括了人才培养（发展）的各个阶段，是长期的终身培养过程而不是某一阶段的培养。因此，与原有的培养模式相比，其更多地体现了作为被培养者的人才成长和发展的要求。这样的制度设计必然引导学生根据自身不同的特点、优势和兴趣，选择从事学术研究或应用型工作的职业发展方向，从根本上解决应用型旅游人才短缺的问题。

需要说明的是，作为一种旅游人才培养模式，"H"旅游学术及应用型人才双线培养模式，最终是要在一些外部因素的影响下发挥作用的。这些外部因素包括相关制度（政策）、旅游产业发展状况、社会观念、外在环境等。

（三）"H"型人才发展路径及培养模式的形成原因

"H"型人才发展路径及培养模式的形成，主要是由于以不恰当的人才和高校分类理念作为制定政策的依据，形成了不当的政策导向。因此，我们应厘清在社会人才分类与国内高等院校分类两个问题上的认识误区。

在人才分类上，人们常常将应用型人才的概念外延狭窄化，将应用型人才等同于技能操作型人才，认为只有处于实践一线的、直接服务于实践或从事操作工作的人才是应用型人才，从而造成认识上的混乱。体现在旅游业中，就是出现了一味强调实际操作，存在旅游专业本科生不如职业院校高职生拿来就能用的认识误区。实际上，应用型人才应该指的是能在不同环境中运用所学知识解决实际问题的实践型人才，而技术技能型人才一般指的是技术上能够达到具体工作要求，适应具体岗位需要的操作型人才。应用型人才包括了技术技能型人才，但两者决不能简单等同。应用型人才中也有高层次人才，如工程博士、教育博士等。应用型人才与研究型人才，只存在人才类型上的差异，并不存在人才层次上的差异。

在高校分类上,始于1999年的高校扩招使我国高等教育迅速从精英教育转为大众教育。在此背景下,国内学界在汲取国外高校分类理论及借鉴美国卡内基分类方法的基础上,将我国的大学分为研究型、研究教学型、教学研究型及教学型四类。这种分类方法不是立足于人才培养的服务面向定位,而是立足于人才培养层次的定位,是对高校学术水平、研究实力等方面的定位。虽然政府部门试图阻止高校盲目追求较高的办学层次,但客观上却鼓励高校向研究型及综合化方向发展。实际上,绝大多数的高校并不具备发展成为一流的研究型高校的实力。相较而言,立足于人才培养的服务面向定位,更能体现高校对社会的适应性,反映社会不同领域对人才培养的不同需求。因此,不同类型的高校之间应是各具特色,且教学内容和服务社会的功能呈互补的关系,而不应存在层次高低之分。重学术科研而轻应用的政策路径安排及人才培养模式,最终导致高水平的应用型人才供不应求。

三、建立旅游人才"通联式"培养体系

(一)建立"通联式"培养体系的必然性

在知识经济时代,社会对人才需求层次的重心逐渐上移,旅游高等教育已进入大众化阶段。这个阶段,我国旅游业因其政治、经济、社会、文化、生态、伦理等多方面的价值,被提升至国家战略性支柱产业地位,迎来全新发展机遇的新阶段。其自身所具有的开放性、综合性、融合性、消费性和交叉性的特点,必然要求拥有一支高素质的复合型人才队伍作为支撑,其中就包括一批数量庞大的应用型人才。但此时的高等旅游教育、职业教育、岗位教育,需走出原有的轨道创新发展。普通教育的学术研究型旅游人才培养模式,在注重知识创新的同时,也应重视技术创新和知识应用;旅游职业教育是以培训为主的岗位教育,目前整体水平仍不高,不能对旅游行业的需求变化及时做出反应。这种割裂式的人才培养体系势必难以满足现实的人才培养需要。因此,建立旅游人才"通联式"培养体系具有必然性。

(二)建立"通联式"培养体系的要点

基于终身教育理念,在旅游人才培养过程中,应构建以能力提升为核心,融学历教育与岗位培训等为一体的旅游人才"通联式"培养体系。该体系的核心内容是将教育贯穿人的一生,使旅游人才在人生各阶段都可以通过便捷的渠道获得职业发展和自我提升所需要的相关知识和技能。其要点主要表现在以下四个方面:

第一，在教育的连贯性上，旅游人才"通联式"培养体系从纵向将不同层次旅游教育贯穿人的一生，实现人与教育的整合。从义务教育阶段的初等教育方向上，所有有志于从事旅游相关工作的显性及潜在人才，都可以选择适合的发展路径，就读高中（或大中专）、本科、硕士直到博士。在博士毕业后还可以通过从事博士后科研工作得到进一步提升，博士后出站后仍可继续深造，最终达到终身教育之目的。

第二，在教育的综合性与互补性上，旅游人才"通联式"培养体系从横向上将不同类别、性质的旅游人才培养方式结合起来，将家庭教育、学历教育（含普通教育和职业教育）与岗位培训融为一体，实现教育与生活无缝衔接的终身教育。无论是有志于学术研究型工作的旅游人才，还是有志于从事应用型工作的旅游人才，都有自己的教育发展通道。而这其中的任何一个阶段，均可以自由选择就业，就业后通过岗位培训等方式获得持续的提升，也可随时从就业阶段转入正式的学历教育阶段，继续攻读学位。而作为高层次复合型旅游人才，可以通过职业教育与高等教育之间的转换、高等教育与培训之间的转换、培训与职业教育之间的转换，掌握相关的知识及技能，获得真正的综合能力的提升。

第三，在教育获取的便利性上，旅游人才"通联式"培养体系从体制到结构、从形式到内容、从方法到手段、从途径到方式、从时间到场所都具有灵活多样性，以满足人人受教育、人人皆有学习机会的需求。任何需要学习、希望得到进一步发展的旅游显性及潜在人才，均可根据自身的需要和意愿，随时随地接受相关教育。

第四，在实现的可能性上，要通过在准入机制、考核方式等方面的一系列举措，保证旅游人才"通联式"培养体系的畅通。通过允许累计时间、学分及学分转移、学分豁免等方式，将各类培训的学习成果进行综合、转移，并与学历教育体系相衔接，打破学历教育与培训教育的隔阂，创造更加丰富、多元和开放的学习机会。不仅如此，为了减少学历教育转化过程中的障碍，还应改革学历教育的入学选拔、学习方式和考试方式，除考试成绩外，将工作经历及技能掌握程度（如证书等）作为重要参考，对于学习时间给予更大的弹性，考试考核也应更加多元化。

建立旅游人才"通联式"培养体系，让更多有学习需求和学习能力的旅游人才有更多的学习机会及教育选择权，从而使各类旅游人才教育形式成为终身教育体系的有机组成部分。[①]

[①] 袁媛.中国旅游人培养模式研究[D].北京：中国社会科学院研究生院，2013.

第三节 旅游人才培养校企合作优化策略分析

在我国的旅游人才培养体系中,校企合作是一个有效的发展模式。旅游高等院校校企合作的长期有效进行,不是一方能解决的问题,它需要学校、政府、企业、学生四方的共同努力。笔者认为,应从如下四个角度对旅游人才校企合作策略进行优化。

一、学校为校企合作创设更好的合作基础和环境

旅游高等院校在校企合作的过程中,应积极发挥自身优势,并为校企合作创设更好的合作基础和环境。

(一)为加入校企合作的教师提供优惠政策

旅游高等院校应积极邀请旅游企业的职业经理人来学校做兼职教师,解决学校专业教师实践知识匮乏的问题,为学生提供更多实践机会。作为互惠条件,学校也可以派出优秀的专业教师到旅游企业进行短期实践指导,这样既有助于企业的提升和发展,也有利于校企合作中"双师型"教师队伍的建设。

(二)根据市场需求设置专业

旅游高等院校的专业设置应该以市场需求为导向,培养适合旅游业发展的旅游人才;旅游高等院校应加强与旅游企业的联系,及时根据人才市场的需求,做好专业调整,保证学生就业。发展符合旅游人才培养的定向细分专业,及时为旅游企业培养应用型专业人才,从而提高旅游高等院校毕业生的就业率。

(三)建立校企合作管理委员会

旅游高等院校应该聘请旅游知名企业的专家共同组成校企合作委员会,定期或不定期地对学校的专业设置、教学模式、社会实践等进行考核并对其中存在的问题提出合理的建议;在旅游高等院校校企合作委员会里设定一个考核督导组,组长由校企双方一把手兼任,成员从校企双方各选一定人数组成。考核督导组的职责是对校企合作进行全方位的监督和管理,及时找出合作中的问题,进行查漏补缺,保证旅游高等院校校企合作的长效、深入开展。

(四)对校企合作中的权责进行明确划分

没有权利就没有义务,权利和义务是对立和统一的。[①]在旅游院校校企合作中,学校、政府、企业和学生四个要素互相作用、互相影响,如果想让这四个要素都发挥良性作用,并能长久地、深入地合作下去,可以签署几个相互约束的协议,明确各自的权利与义务。用法律的手段对各要素进行影响和约束,可以维护各方的权利和义务。

(五)对校企合作管理体系进行改进

旅游高等院校应明确办学理念、奠定管理基础,完善校企合作管理体制。在校企合作中,旅游高等院校要坚持优化权利结构,下移管理重心,以旅游人才的培养为目标。

完善校企合作管理体系建设要规范权力运行,实现校企合作依法管理,加强合作监督,完善程序机制,为旅游高等院校校企合作深入、长久地开展奠定良好的基础。

二、企业要提高校企合作的参与力度

旅游企业在旅游高等院校校企合作中有着重要的作用,因此提高企业的参与力度,有利于校企合作高效有序地开展。提高企业参与力度,主要从以下几个方面着手。

(一)发展集团化校企合作模式

旅游高等院校集团化办学是由政府主导,一定区域内的旅游院校和旅游企业成立一个集团,制订统一的章程,明确相应的权利和义务。旅游集团的成员单位按照职能和作用纳入常务理事单位的管理之中。在旅游集团内部招生,统筹安排就业。旅游集团成员之间可以进行资源共享,谋求共同发展。旅游集团对成员进行相关的培训,实施目标管理,强化程序监督,实现资金统管;强化财务监督;实施人才互动,强化集团建设。我国职业教育集团化发展产生于20世纪90年代初,并取得了一定程度的发展,其中最具有代表性的是海南旅游职业教育集团。这是一种极为有效的校企合作模式。在该集团中,学生可以直接进入企业参与社会实践,学校借助企业的实训基地提升了学生的社会经验和就业能力,企业可以优先接触到自己参与培养的应用型和技能型的旅游人才。在旅游高等院校校企合作的过程中,旅游企业起着向导作用。进一步发

---

① 余梓东.论民族权利与民族义务的关系[J].西南民族大学学报:人文社科版,2007(8):15—18.

展校企合作集团化模式，有利于提高企业的积极性。旅游企业的用人需求为旅游高等院校的专业设置、课程安排等指明了方向。旅游企业与旅游高等院校教育合作集团化发展，是将旅游企业自身的发展目标与教育发展目标有效结合起来，形成双方共同参与的资源共享、利益多赢的校企合作发展模式。这种模式是适应旅游企业和旅游人才培养发展需要的，也是适合我国旅游业发展的实际情况的。要实现这一目标，校企双方要找到双方利益的契合点，使合作效益最大化。

（二）搭建校企合作资源共享平台

搭建校企合作资源共享平台，进行校企合作旅游人才培养。例如，旅游高等院校在校生，尤其是已经取得导游资格证并在旅游企业参加过实训的学生，可以作为旅游人才的后备力量，利用周末或节假日的时间到旅行社做兼职导游，从而缓解旅游旺季导游人才短缺的压力。为了解决旅游院校"双师型"教师短缺的问题，旅游企业的职业经理人，尤其是取得旅游经理资格证且接受过高等教育或者再教育的旅游职业经理人，可以进入旅游高等院校做兼职教师。

（三）为校企合作建设"全真型"实训基地

旅游企业积极协助旅游高等院校建设"全真型"实训基地，以提高旅游专业人才的实践能力和职业素养，从而为旅游企业发展输入优秀的旅游人才，满足旅游经济发展的需要。旅游企业为实训学生和带队教师提供职业技能训练和专业化培训的机会。通过这种方式让学生真正了解旅游业经营中需要掌握的知识，进行查漏补缺，使学生毕业后即可进入旅游企业参加工作。因此，"全真型"实训基地的锻炼会极大地提高学生的就业率。另外，旅游企业还要完善自身的经营体制，使学生的顶岗实习落到实处，保证实训过程真实、有效。

（四）营造旅游企业良好的文化氛围

一个好的旅游企业，一定要有好的文化氛围。旅游企业应将这种好的文化带入旅游校企合作的过程中，尤其是学生到企业实习后，这种良好文化的宣传，是留住人才最有效的方法。因此，旅游企业要建立专门的岗前培训部门，由旅游企业的职业经理人作为培训师。学生在进入企业的第一天，就由培训师对其进入企业后可能面临的困惑与问题进行引导与解惑，并在之后的实习过程中定期进行心理辅导，提高学生的职业归属感，避免旅游人才因某些原因而流失。

三、政府应为校企合作提高宏观调控的能力

在旅游高等院校校企合作的过程中，政府要发挥宏观调控的作用，为校

企合作的长期有效进行创造良好的外部与内部环境。

（一）为校企合作提供政策法规保障

为了保障旅游高等院校校企合作的进一步发展，政府应将高等教育校企合作纳入法制化进程。首先，政府可以对参与校企合作的旅游企业实行人才培训补贴、减免税收、贷款贴息等优惠政策，增加校企合作模式对企业的吸引力；其次，完善考核办法，按照旅游人才培养的成效和满意度，对企业制定上下浮动的税收优惠政策，保证校企合作落到实处；最后，政府可以构建财政支持法规政策体系，建立校企合作保障条例，并纳入职业教育法，以加快政策法规的法制化进程，保障旅游高等院校校企合作长久深入地进行，为我国旅游业的发展提供急需的旅游人才。

（二）提高职业证书在就业市场中的地位

政府应该建立一套完善的旅游职业就业准入制度，将职业资格证书与学历证书同时作为用人单位相应岗位应具备的证书，按照不同的岗位职责持证上岗。旅游企业在招录新人时就要按照制度要求，优先录用持有相应岗位资格证书的人才。随着旅游市场、旅游人才的竞争日益激烈，进行旅游高等院校的校企合作，从而建立自己的旅游人才培养中心，已经成为很多企业扩大规模、提高效益的一个有效途径。

四、学生提高自我培养的主观意识

旅游高等院校的学生应不断培养自己的主观能动性。因为如果学生的出发点是"我要学"，就一定会达到事半功倍的效果。学生应该看清现实，认识到毕业前需要掌握哪些技能，除了顺利取得毕业证，还需要获得哪些职业资格证书，使自己将来的就业多一些筹码。目前，旅游人才的需求量很大，可是仍然无法摆脱"就业难"的困境，究其原因就是学生进行社会实践的机会少、动手能力和专业技能差。在学校，学生应该充分利用互联网等渠道了解自己的专业动向，通过和教师沟通认识到自己的不足，做好职业规划，主动考取与目标就业岗位相关的职业资格证书，并充分利用学校组织的社会实践活动，不断提高自己应用所学知识解决实际问题的能力。旅游企业属于服务型企业，因此旅游高等院校的毕业生一旦进入企业就需要有解决问题的能力。部分学生没有足够的社会实践经验，也没有迎难而上、勇于进取的精神，缺乏创新意识，无法适应企业的要求，这也是造成旅游人才流失的一个重要原因。

第六章　基于校企合作的民航人才培养模式

培养民航人才的目的是为我国民航事业的发展培养应用型创新型人才，通过校企合作，能够使民航专业的学生在获得学校理论知识的同时，也能参与企业的实践培训，从而提升自身的知识与技能，培养创新能力，成为民航企业所需的应用型创新人才。本章对校企合作模式下民航应用型创新型人才的培养进行探索，并讨论了校企合作相关机制的创新。

第一节　民航应用型创新型人才培养的特点

一、民航应用型创新型人才的界定与特征

（一）民航应用型创新型人才的界定

民航应用型创新型人才需具备行业性人才特征以及应用型和创新型两类人才类型属性特征，其中行业性人才是指具备从事民航业相关工程科技或管理岗位能力的人才；应用型人才是指专业素质高、实践能力强的高级技术型或管理型人才；创新型人才是指能够创造性地进行认知、观察、思维和想象的人才。培养应用型创新型人才为主的院校教育重在"应用"二字，要求各专业紧密结合时代发展、地方特色和行业特征，在高等教育改革规划的前提下，改进教育方式方法、更新教学内容和教学结构、完善教学环节和课程体系、全面提高教师的教学水平、注重学生实践能力的培养。教学体系的建设要体现"应用"，其核心环节是理论知识的应用和实践教学。因此，学校与企业深度合作、让企业参与到人才培养中必然成为应用型院校现代教育教学改革的主要方向。

（二）民航应用型创新型人才的特征

1. 学会思考与创新

人的思想决定人的态度，进而决定人的行为。一个勤于思考和善于思考

的人，其行为必定是创新的。这是创新型人才的一种基本素养。[①]有这种素养的人会随时随地发现问题、思考问题、提出问题、分析问题并解决问题。这种人的思维具有发现问题的敏感性、分析问题的逻辑性和解决问题的科学性。民航院校培养的创新型人才理应具备这种特征。作为国家培养民航人才的主阵地，民航院校培养的应用型人才不能只会生搬硬套、按部就班，要能够科学、灵活地解决实际问题。这种解决实际问题的能力不是凭空产生的，是不断思考积累的结果。因此，民航应用型院校培养的人才，首先要勤于思考，通过思考解决问题，在解决问题中有所创新。勤于思考既是创新型人才的一种基本素养，也是一种思维习惯。只有通过长期不懈的培养才能形成。因此，民航应用型院校既要着眼于创新型人才的培养目标，又要着力于学生思维培养的过程，从课堂教学、考试、活动等人才培养的各个环节做起，形成一套引导和激发学生勤于思考的人才培养机制。

2.积极培养实践能力

民航应用型院校要更多地培养高素质的飞行技术、飞行工程和管理专门人才，这些人才将来都要进入社会，并通过自身的劳动为社会做贡献。他们运用大学学到的基本知识和基本方法，科学地处理工作中遇到的各类问题，这是创造性的工作。社会实践过程是进行创造性工作的必要条件。民航应用型院校要培养创造型人才，先要培养学生的实践意识、实践精神和实践能力，培养学生的实践操作能力、组织协调能力和自我管理能力。

3.善于同他人沟通与协作

人是社会关系中的人，每个人的生存和发展都要以与周围人的相互联系为条件。相互交流、相互协作是人类生存和发展的基本行为模式，是人进行社会实践的基本形式和基本技能。人们要在实践过程中相互沟通和协作，在相互沟通和协作中进行思想的碰撞，从而获得思维灵感，实现工作创新。抛开相互交流和相互协作，孤立的个人将一事无成。民航应用型院校是国家培养民航各类人才的主阵地。这种应用型人才首先要善于与人沟通和协作。因此，民航应用型院校应树立培养善于与人沟通、乐于与人协作的人才观，树立科学的教学理念，构建兼顾知识传授和能力培养的人才培养体系。

4.时刻学习并学会自省

信息社会是学习型社会。学习是人们在信息社会生存和发展的基本方式

---

① 高超峰，孙向阳，李力.地方本科院校应用型创新型人才培养机制研究[J].中国电力教育，2009(7): 12—13.

之一。人们在不断的学习中生活和工作，反过来，又在生活和工作中学习进步。没有学习，就没有人的发展进步，也就没有社会的发展进步。民航应用型院校要培养应用型创新型人才，就要从培养学生勤于学习和善于自省开始，使学生养成良好的学习习惯、培养他们的学习力。将来他们走上工作岗位，既能在应用中创新，又能在创新中应用。民航应用型院校要实现这样的人才观，就要树立以学生为主体的教学理念，制订能够激发学生学习自主性和培养学生自主学习能力的人才培养体系。

对照国外有关大学教育培养目标，如普林斯顿大学对本科生就提出了12项标准，蕴含着人才培养所需要达到的知识、能力和素质要求，分别是具有清楚的思维、谈吐、写作能力；具有以批评的方式系统地推理的能力；具有形成概念和解决问题的能力；具有独立思考的能力；具有敢于创新及独立工作的能力；具有与他人合作的能力；具有判断什么意味着彻底理解某种东西的能力；具有辨识重要的东西与琐碎的东西、持久的东西与短暂的东西的能力；熟悉不同的思维方式（定量、历史、科学、道德、美学）；具有某一领域知识的深度；具有观察不同学科、文化、理念相关之处的能力；具有一生求学不止的能力。哈佛大学对大学生能力评价的5项指标是：能够清晰而明白地协作；应该对认识和理解世界、社会和我们自身的方法具有一种判断鉴别的能力；对自己的文化和其他文化有广阔的视野，并在这样的考虑下安排自己的生活；了解并思考过道德和伦理问题，在做选择时具有判断能力；在某些知识领域应当具有较高的专业水平。显然，这些标准都要求大学生具备应用和创新能力。

（三）培养民航应用型创新型人才的重要性

2015年，教育部、国家发展改革委、财政部明确提出引导部分地方普通高校向应用型高校转变。从此，各省市地方高等院校迈入了转型发展新时代。对于民航业应用型人才培养而言，培养民航应用型创新型人才是由国家和行业发展规划以及市场发展需求共同决定的。

高校拥有一批科学技术人才和较为先进的实验设备，是一个能参与技术创新、技术交流、技术转化和技术贸易的基地。一方面，高校可以把自己的科研成果、发明创造、先进工艺、先进技术等，通过技术市场转化为生产力，推动区域经济的发展；另一方面，高校可以根据区域经济发展的科技需要，来调整科研方向和科研计划，使之更符合区域经济和社会发展的需要，产生更大的社会效益和经济效益。长期以来，我国高等教育重理论轻实践，致使学术型人才与技术型人才中间出现了断层，人才结构不合理。应用型教育与普通教育的区别不仅表现在培养目标上，更应体现在培养途径或方式上。政校企合作正是

探索与实践：校企合作人才培养模式研究

适应应用型教育的这一特殊性，由政府搭台、企业参与、校企融合，共用推进工学结合培养模式，大大加快了工学结合教育模式实施的步伐。政校企合作模式既能发挥政府、学校和企业各自的优势，又能共同培养社会与市场需要的人才，是政校企三赢的模式。加强政校企合作，教学与生产相结合，互相支持、互相渗透、优势互补、资源共用、利益共享，是实现应用型教育及企业管理现代化、加快提升人才素质以及教育与经济可持续发展的重要途径。

二、应用型人才培养的要求

目前，地方院校向应用型转型院校发展是主流，以培养应用型、复合型、创新型人才为目标，强化地方经济服务意识，促进地方经济结构调整，为经济、政治、文化建设提供智力支持。因此，应用型人才的培养要求也应与此相契合，具体培养要求与办学定位和人才培养层次、学生就业行业、专业建设和服务地方经济四个方面相关。

（一）办学定位与人才培养层次的要求

一般认为，应用型人才与研究型人才是高校教育平行发展的两个层次，而应用型人才与应用型高职高专人才是应用型人才培养中高低不同的两个层次。[1]

研究型大学以培养学术型研究人才为主要目标，其教育主要以掌握基础理论知识和从事科学研究的初步能力为主，为研究生教育打好基础做准备。因此，通常不强调本科生在企业接受专业教育和技术教育，只是在研究生阶段才更多地要求校企合作、参与开发科研项目或技术攻关任务，从而达到以科研促教学、以科研提质量的目标，使学生既获得研究经历，又增长研究经验，为将来步入相关行业继续参与实质性研究奠定基础。

由此可见，与研究型大学不同，在办学定位和培养层次上，应用型院校所培养的人才不强调学术研究能力，但需要具备适应复杂多变的岗位职业技能和不同类别职业人所特有的职业素质，重点不在于知识的积累与创造，而是知识的应用和创新。相应地，应用型院校校企合作的重点不在于学术研究，而在于对实际工作能力的培养，让培养的人才能够快速适应岗位需求。这就要求学校在课程结构上将专业知识体系与职业岗位工作结合起来，通过将未来对人才的知识、技能的需求和职业岗位需求与专业培养的目标和毕业要求匹配起来，

---

[1] 罗文广，胡波，曾文波，等.地方院校应用型本科人才的校企合作培养模式研究[J].实验技术与管理，2013(3)：15—18.

将专业培养目标、毕业要求与专业课程体系匹配起来，将专业课程体系与教学方法和素质教育匹配起来，利用课堂教学与实践实训，实现知行结合、知行合一，在教学成果的检验中充分体现职业性和自主性，引导学生通过自主探究、亲身实践，综合地运用所学知识和经验解决问题。这些教学要求需要在教育的各个阶段结合校企合作培养模式来完成。一般来说，校企合作要选择具有行业代表性的企业，由相关专家、教授做指导，以企业为依托、学校为主导，利用学校和企业的资源优势，实现教学和实践训练的结合。这样培养出来的人才专业基础扎实、适应面广、应用技术能力强，符合当地的社会发展需要。

高职高专院校培养适应生产、服务、管理需要的高等技术型人才，目的是实现与企业的无缝对接。最常见的是订单式培养，学生在校学习阶段就逐步熟悉企业的岗位要求和职场文化，"半工半读，工读交替"，在一定的学制年限内，合理分配理论教学与技能训练的时间，多次、反复安排学生到企业值岗，由基础理论到专业知识的学习，校内实训与企业实习密切结合，真正实现学校与企业的零距离接轨。从人才培养层次的角度看，校企合作教育对应用型人才培养体系的影响是显而易见的。例如，在构建相关专业课程体系和制订教学内容时，必须要考虑服务于技术密集型企业的人才培养目标，通过企业深度参与，制订合适、科学的培养方案，更易于人才培养目标的实现；良好的校企合作，保证了方案的更好实施、增强了学生的应用能力。

可见，应用型人才不一定要具备岗位操作技能，但要了解和熟悉岗位操作所需的技能；不一定要具备深度的研发能力，但需要具备一定的应用研究能力；不一定能解决企业根本性、核心性的技术和管理问题，但能解决或参与解决一定的技术和管理问题，更重要的是要求具备研究、开发设计、制作、营销、管理等的学习能力和实际工作能力。因此，应用型人才的培养，不仅需要进行系统的学科基础理论的学习，还需要在企业中开展直接的实践教学。了解企业的实际运作过程和岗位要求，了解企业的运营和技术发展情况，将专业知识与现实工作有效地结合起来。在实践教学中，不仅要求学生了解一个企业的需求，更要掌握与之相关的行业的现状以及将来发展的趋势。只有这样，培养的人才才具备独当一面的知识和技能和可持续发展的能力，将来才能够成为适应企业发展的中坚力量。因此，应用型院校在校企合作教育的过程中，除了少数特殊专业为当地的大型支柱企业服务，或由企业订单式合作赞助组建专业学院或班级外，大部分专业需要学校了解社会需求，并广泛了解企业行业走向。体现在专业建设中，就是要求课程体系、教学内容、教学方式方法必须根据企业或行业的需求做出及时的调整，以确保所培养的应用型人才能在本行业内具有一定的先进性和适应性。

（二）学生就业行业的要求

学生就业是人才培养质量的重要评价指标，因此应用型人才培养必须要考虑学生的就业行业对学生能力的要求。特别是高等教育本科专业大量合并后，专业口径较宽，同一专业学生的就业范围较广。为了避免校企合作中同一类型企业过多而使学生能力培养趋于单一化，校企合作模式应把就业行业对学生能力的要求作为重要的方面加以考虑。显然，不同的企业对能力的要求有所不同，因此合理考虑学生就业行业的影响是校企合作人才培养模式必须考虑的问题。

（三）专业建设的要求

专业建设是依据社会分工和人才培养的内在规律，采取必要的措施和手段，培养出符合社会需要的各类高级专门人才的社会实践活动，其建设内容涉及专业师资队伍建设、专业实验室和实习基地建设、专业教学手段与教学方法建设、专业课程开发、专业教材建设、专业培养目标与培养方案的制订等。从上述专业建设的内涵看，校企合作人才培养模式不应仅仅是满足企业的需求，还应具有前瞻性、发展性。在国家经济、地方经济发展过程中，一些前瞻性的技术可能因受到客观条件的制约而暂时未能得到推广，但是从专业发展趋势看这些技术和专业能力又是必不可少的，因此地方院校的校企合作教育必须要考虑专业建设的内涵要求。

（四）服务地方经济的要求

作为地方应用型院校，培养的人才必然要服务于地方经济，特别是随着我国区域经济的快速发展，对高层次应用型人才的需求也急剧扩大，若地方院校不能满足地方经济建设需要，为地方经济输送合格人才，那么自身的发展也将受到极大的制约。校企合作人才培养将为高校解决大学生就业问题，更有效地培养出符合地方经济发展需要的人才，起到重要的作用，这也将大大促进地方应用型院校的发展。

三、应用型人才培养对校企合作效果的期望

应用型高校学生通过校企合作，明晰自身职业规划，提高自身应用能力，呈现出下列特点：

1. 注重自我实现。学生职业诉求融合在自我完善与突破的理想之中，视工作为自我实现的途径，而非单一的谋生手段，充满成长热情。

2. 注重长远目标与收益。对发展潜力的期望高于对当下薪金的期望，甚至

对短期收入并不在意，更注重职业目标的远期达成。

3. 注重综合能力的提高。在综合素质方面，除了专业素养，重视乐群、协作等因素，对参与管理组织、提高创新能力有浓厚兴趣。

4. 注重实践中的应用能力水平。侧重研究成果的应用，具有强烈成长愿望，不甘于简单的机械操作或简单的办公室事务工作，渴望提高工作技能，增长研究经验，为将来进入相关行业继续参与实质性研究奠定基础。

5. 注重适应职场氛围。在实践中具备良好的适应性，对岗位从陌生到熟悉，能较快投入工作情境，努力展示个体能力，并具备高度服从性，能配合导师的指导管理，迅速建立起"下属""部门"等概念。

第二节 民航校企合作人才培养的模式分析

一、民航校企合作人才培养模式的目的

人才培养模式是指在一定教育思想与教育观念指导下，由教育对象、目标、内容、方法、途径、质量评价标准等要素构成，并集中体现为教育教学模式相对稳定的教育教学组织过程的总称。校企合作人才培养模式的实现需要保证双方，即院校常规理论教学阶段与企业参与特殊培训阶段的有机结合，促成双方深度联合培养人才。民航校企合作人才培养模式需要满足"一二三四五"的要求，即"满足一个目的、保证两大关键、促成三方共赢、实现四个结合、促成五个转变"。

一个目的：在恰当的时间将合格的民航应用型人才输送到合适的岗位。

两大关键：保证理论教学质量和实践教学质量。

三方共赢：第一，满足企业发展对核心人力资源的需求；第二，使院校真正发挥为社会服务的作用；第三，为学生提供合适的就业机会。

四个结合：第一，将招生与招工相结合；第二，将教学与培训相结合；第三，将就业与实践相结合；第四，将院校办学目的与行业发展规划相结合。

五个转变：第一，高校的专业设置要向企业需求转变；第二，人才培养要向应用型、创新型转变；第三，课程建设要向培养学生创新能力转变；第四，教学科研要向产教研融合转变；第五，一线教师向"双师型"转变。

二、民航校企合作人才培养的多种模式

（一）PLP 校企合作模式

1. 基于课程设置的 PLP 校企合作模式的概念

基于课程设置的 PLP 校企合作模式是为深化校企合作深度而采用的一种关系深化型模式，该模式是由"点"到"线"及"面"的校企合作模式，即以某一专业课程为点，以相近专业课程为线，最后扩展到专业课程群（面）的校企合作模式。[①]

PLP 校企合作模式以专业课程为抓手，以"课程"为点，通过课程建立一对一的校企合作关系，实现校企间由点及面的逐步合作，最终实现校企的全面合作。该合作模式以课程为平台，让企业参与主体教学，实现了校企合作的经常化，克服了校企合作松散化的现象；同时，通过"有的放矢"的人才培养，增强了企业合作的积极性。此外，因该合作模式是基于课程的合作模式，保证了合作时间的稳定性，既不会扰乱教学秩序，又可通过教学内容、教学方法上的不断完善和更新，推动复合型应用型人才培养方案的不断优化。

2. PLP 校企合作模式的运行机制

探讨基于课程设置的 PLP 运行机制，可以从课程设置着手，以学生的就业导向或对人才的需求为依据，对专业课程群进行划分，通过课程与合作企业的部门及岗位挂钩，进而有针对性地确立课程群中与之相关的对接企业或岗位。实践中，在明确某一课程（点）对接及运行机制的基础上，再深入探讨某方向课程群（线）及专业群（面）的对接及运行机制，从而实现以企业需求为导向，通过科学选择某类课程或某一方向课程群，一对一地建立与企业的合作关系，最后由点及线、由线及面，实现课程群的全面对接及运行机制科学化、常态化，同时带动课程设置、课堂教学及培养方案的优化和改革，最终实现校企合作由深度向纵深方向发展的合作目标。

3. PLP 校企合作模式的考核机制

针对基于课程设置的 PLP 校企合作模式的效果评价，可采用考试、考核、问卷调查、走访及用人单位评价等多种方式进行，并通过科学分析，最终建立科学的效果评价机制。

---

① 耿春银，张敏，金英海，等.PLP 校企合作模式下应用技术型人才培养机制探索[J].新西部，2015(12): 136.

第六章　基于校企合作的民航人才培养模式

（二）校企联合办学模式

由企业与学校共同办学、共同出资、共同建设，学校得到了企业的办学经费及师资支持，企业则得到了符合自身人才需求的高素质技术技能型人才，校企双方形成利益共同体。

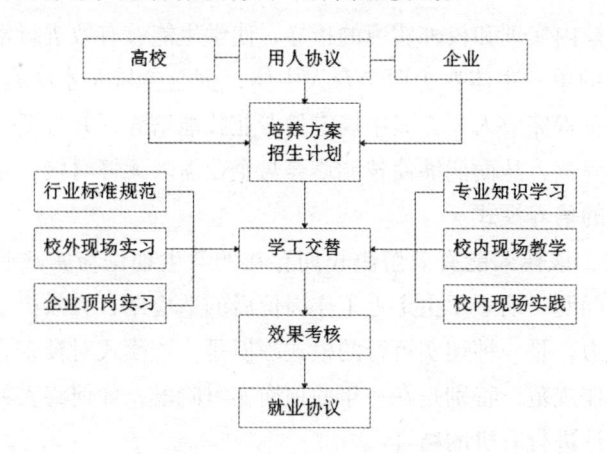

（三）订单式人才培养模式

订单式人才培养模式（图6-1）是指学校与用人单位根据用人单位的岗位能力需求签订用人协议，在学生入学前，双方共同制订人才培养方案和招生计划；学生入学后，根据人才培养方案，通过学工交替的方式，分别在学校和用人单位进行学习，由学校教师和企业专家共同授课；学生毕业后按协议约定安排学生直接到用人单位就业的模式。该模式以就业为导向，从根本上解决了学生就业难和企业招工难的问题，合作目标明确，学校、企业和学生互利共赢，深得企业和学校青睐，是合作教育的一种高级模式。

图6-1　订单式人才培养模式

该模式适用于规模较大的企业，人才培养的目标和知识体系相对狭隘，导致就业的出口变小，企业的用工需求动态变化导致订单时有时无，学生毕业后与企业还存在双向选择的问题，一定程度上影响了订单式人才培养模式的推广。

（四）学工交替人才培养模式

学工交替人才培养模式是一种广为运用的人才培养模式，往往可结合到其他校企合作模式中。该模式下，校企双方共同制订人才培养方案，把企业作为学生的实习基地，学生在校学习和在企业实习交替进行。学生在校接受理论知识与初步的技能培养，在企业接受专业化技能培训。高校可以根据企业提出的实习要求,对教学内容、教学计划进行适当的调整,形成"2＋2""3＋1""4＋1"等特有的学制形式,使学生既可以充分掌握专业理论,又可以实习、顶岗等形式培养和提高学生的专业技能。

以"3＋1"人才培养模式为例,其是一种学生在学校学习三年理论知识和基本技能,最后一年到企业顶岗实习的人才培养模式。因为该模式的学生以准员工的身份参加顶岗实习,所以该模式又被称为"准员工式2＋1"人才培养模式。该模式借鉴了国内外高校的先进经验,兼顾了国内校企合作实情,是一种具有中国特色的校企合作模式。

学工交替模式的主要特点是育人环境由过去的学校育人转为学校和企业两种环境,学生的身份从学生转变为准员工,以一个职业人的身份完成实际岗位工作,可以更加有效地提高动手能力和专业技能,培养学生的职业意识和责任意识。在此过程中,校企结合紧密,企业全程参与育人过程,包括人才培养方案的制订、校内实训和校外实习的指导,使学生能够有效进行学工交替。育人主体由传统的单一主体变为两个育人主体,企业参与人才培养方案的制订,在培养过程中负责完成人才方案中规定的专业技能培养,并且要对学生的顶岗实习过程进行考核,从而能够使技能培养与企业需求无缝对接,是一种真正的产学紧密结合的培养模式。

实践证明,该模式能有效解决长期存在的学生理论与实践脱节、学生知识结构狭窄等问题,缩短学生走上工作岗位后的适应期,有效提升学生的综合素质及就业能力,是一种切实可行的模式。但是,该模式对校企合作方式提出更加系统的操作规范,特别是在一年的顶岗实习阶段,如何将实习实训、顶岗实习、毕业设计进行有机的结合。

(五)企业入驻式培养模式

企业直接派人进驻学校,并由企业配备相应的设施设备,类似新加坡的"教学工厂",但只是小范围的教学工厂,通过企业到校生产让师生在学校零距离接触生产过程,从而学到相应的行业实训知识和岗位技能。该模式往往结合具体项目进行,通过项目实现教师、企业人员、学校三位一体的校企紧密合作,避免了校企合作脱节现象。

(六)"专业＋创业教育"培养模式

该模式包括创业教育公选课、创业教育融入专业、专业的创业教育、理论＋实践的创业教育四个阶段的动态发展过程。

第一阶段,"创业教育公选课"是将创业教育课程当作公共课或者选修课,学生可以根据自身的兴趣,在学习本专业的基础上,学习创业教育基础知识，从而对创业教育有更多的了解，自然形成创业的意识和好奇心，并主动学习创业相关信息，逐渐形成创业思维和创业能力。该阶段是将创业教育完全独立出来，有科学的知识构架，便于学生创业知识的积累，但公共课和选修课不能引起学生的足够重视，加之受到非专业课的局限，课程安排不够紧密，学时较短，更多的是以大课的形式进行课堂教学，创业型人才培养效果不明显。

第二阶段，"创业教育融入专业"是通过将创业思想和创业知识渗透到专业课程中，通过教学内容进行创业教育，也可以运用启发的教学手段进行创业教育，或者运用文化环境的熏陶来进行隐性的创业教育，使学生发现专业与创业之间的切入点，增强对创业教育的理解。该阶段是将创业教育融入各专业的培养过程中，虽然将创业教育进行普及推广的目的是使更多的学生接受创业教育，但由于缺乏系统性，学生很难构建系统的知识体系；虽然在一定程度上培养了学生的创业意识，但仅仅是一种创业观念的传播，不能真正用于创业型人才的培养。

第三阶段，"专业的创业教育"是针对有创业意向或者创业类专业的学生，进行系统的创业教育。为有不同创业需求的学生量身定制创业教育计划，有计划地构建知识体系，采用多样的教学方法和多元的教学手段，运用灵活的培养模式，达到预期的教育效果。该阶段将创业教育作为一门专业课，体系较为完备，以培养学生创业精神为核心，运用多样的教学方法，围绕经营和管理能力对学生进行专业培养。虽然这样的培养强化了学生的创业理论基础，但由于接受专业创业教育的人群较少，缺乏实践教学，学生很难进行真正意义上的自主创业。

第四阶段，"理论+实践的创业教育"是依据现有的专业要求，在实践环节融入创业教育，使学生在实践过程中主动形成创业意识，通过教师的技术引导，使学生能独立地去尝试创业；通过技术的积累，逐渐增强创业能力，运用理论教学和实践教学的紧密结合，提高学生的创业综合素质。该阶段是将专业的理论知识和亲身实践教学紧密衔接，构建理论和实践一体化的培养路径，增强学生的创业能力，提高学生的创业素质，促进创业型人才的深入培养。

三、民航校企合作人才培养的典型模式分析

民航业是技术密集型行业，若校企合作共同培养人才，就需要创建融研发、生产、教学、实训和服务为一体的校企合作人才培养模式。从形式上来讲，该模式是一种政、行、企、校的四方合作办学模式。可采取的校企合作宏观模式有基于产业园的校企合作模式、校企共建技术研发中心模式、集团公司

主导下的双师团队共建模式、校企合作共建二级学院模式、校企共建学生工作室模式等。本书仅以基于产业园的校企合作模式为例进行分析。基于产业园的校企合作模式是指政府主要承担产业园政策和提供资金支持的引导作用，行业主管部门发挥牵线搭桥、政策支持的桥梁作用，高校和企业作为实施主体，承担产业园内合作办学、合作育人的具体任务。在运行机制上，首先要明确合作各方的职责，实施四方联动机制；其次，采用官助民营、市场化运作机制；最后，构建相应的激励机制和规范的管理机制。

（一）明确政、行、企、校四方联动的职责

地方政府、主管部门、院校和企业四方合作，共同打造产业园，构建校企合作平台，共同培养人才。

1. 地方政府的职责

地方政府将校企合作教育纳入当地国民经济和社会发展规划，从经济社会发展的战略高度规划、指导、支持人才培养，使产业园的产业发展方向符合当地经济发展和支柱产业发展的需要，为高校开展校企合作创设良好的环境。一是对实施校企合作的产业园给予地方税收减免、留存返还等优惠政策，吸引企业特别是知名企业入驻，对入园企业租用的开发和办公用房的房租给予一定程度的减免或优惠；二是成立园区引导资金，用于园区建设和扶持产业发展，对园区科研院所、生产性实训基地、产教合作平台、研发试验平台、科研项目等实施资助；三是对高科技企业的高层次人才，如高新技术企业高管、主要研发人员、主要技术骨干、学科带头人和做出一定贡献并得到市场和社会认可的特殊人才等，实施引进人才激励政策或给予奖励，从而吸引优秀人员入驻园区，引导和促进高层次人才到园区高校兼职，与任课相关的具体资助和补贴范围可由产业园管委会会同相关部门共同进行评审。

2. 主管部门的职责

主管部门的职责主要是组织协调、政策保障、平台建设以及评估监督等。一是招商引资功能，强化产业园的审批程序，保证入园企业的质量，确保入驻产业园的企业是与院校的主体专业相符、具有一定经济实力并有发展前景的企业；二是利用自身的资源优势，为校企合作牵线搭桥，通过校企对接会，组织企业、高校、园区三方参观与洽谈，形成定期沟通、定期协商的机制；三是提供制度保障和政策环境，将产业园纳入国家或地区优惠政策覆盖范围。

3. 院校的职责与权利

院校负责产业园的管理、校企合作的实施、监督与管理，并享有一定的权利。首先，作为校企合作的主体，可成立资产经营公司，作为产业园的投资

方，参与控股管理，联合相关企业对园区的基础建设、环境规划、招商引资、人才培养、后勤、安全等进行管理；其次，校内成立专门机构负责园区内的校企合作工作，如校企间的沟通与联系，校企合作工作的监督、指导和检查，等等。此外，还可以利用园区内企业的优势资源开展学生企业实习、教师企业实践、引进企业兼职教师、校企共建专业、共同开发技术等活动。

4.企业的职责与权利

企业入驻园区享有租金减免、税收优惠等政策，同时有义务与院校开展校企合作。首先，入驻企业可租用园区标准厂房，进行产品研发、中试、加工生产，在厂房租用、税收等方面享受减免等政策；其次，企业入驻产业园需签订校企合作协议，按照协议，企业作为学校生产性实训基地，开展工学交替实训教学，安排教师实践锻炼、学生顶岗实习，安排技术人员作为院校的兼职教师，参与院校实训基地建设、专业建设、课程建设、师资队伍建设等。

（二）政府与多方共同建设市场运行机制

由政府资助建设，采用市场化运作、企业化经营方式管理园区。一方面，在规划设计、资金资助、外商引入、综合协调、宏观指导方面，政府积极支持园区服务体系建设，扶持并营造更好的实践和创业环境；另一方面，资产经营公司作为园区开发经营与管理的主体，负责整个园区的基础建设、环境规划、招商引资、人才培训、产业服务以及配套管理服务，完成政府提出的产业发展与招商等目标要求。同时，产业园还可成立由政府、行业主管部门、企业、高校的专家组成的校企合作委员会和产学合作部门，负责对产业园的校企合作实施与运作进行监督、指导和检查。

在市场运行中，首先规范入驻产业园企业的条件。从企业资质、企业类型等方面规范了入驻企业的条件：入驻企业必须能为学生工学结合、顶岗实习、就业提供有力支持，为专业教师参与企业项目合作、挂职锻炼以及提供兼职创造条件；其次，规范申报和资格审批程序，签订校企合作框架协议规范。最后，制定校企合作各项规章制度，通过制度规范合作行为。

（三）基于产业园的校企合作模式的优势

1.可以降低校企合作交易成本

产业园是在一定地域范围内由产业结构相近、产品类似的经济组织组成的社区，具有一定的社会组织形式。园区内企业以营利为最终目的，实行自主经营、独立核算，园区的土地、交通道路，甚至管理都由园区管委会统一负责，以此营造更好的环境，获得经济效益和社会效益。基于产业园的校企合作一方面可形成产业集聚，促进园区内物流、资金流和信息流更有效、更快捷的流动，进而扩大园区和产业的辐射范围；另一方面可拉近高校与企业的距离，促进校企之间的非正式交流，减少双方的信任成本，降低不确定性。这些都可以降低校企双方的交易成本。

2. 可以促进高校的实践办学能力

对高校而言，产业园中的企业与高校之间通过园区契约紧密结合在一起，区内企业可为学校提供真实的生产性实训基地和充足的企业兼职教师，降低学校的办学成本，改善学校的实习实训条件和师资条件，等等。对企业而言，可随时获得高校的智力资源，获得技术和管理上的咨询和解决方案，还可获得高质量的人才，降低企业培训成本，从而提高企业的生产力水平和竞争力。

3. 便于校企合作的有效开展

在现实中，学校与企业之间的物理距离是影响校企合作的间接因素之一。一方面随着城镇化建设的推进以及高职教育规模的扩张，我国目前部分职业院校因校园扩建等需要逐渐迁移至偏远区域，与生产基地的距离拉远，交通的不便给院校开展校企合作带来了一定的阻碍，如企业兼职人员的较难聘请、学生实习期间在企业和学校之间的往返不便、学校与企业之间的信息沟通受到影响等。有些院校为解决学生企业实习的交通问题，不得不租用社会车辆接送，无形中增加了院校的办学成本、管理成本和安全风险责任。

另一方面，物理距离这一现实因素将加剧合作企业实施人员的消极对待，制约校企合作的实施成效。特别是在一些企业人士的收入水平远高于职业院校教师收入水平的行业，在经济利益本已不具足够吸引力的情况下，交通的不便将导致合作的失败。基于产业园的校企合作模式通过把产业园设在学院内，拉近了学院与企业之间的物理距离，使人力和物力资源更为集中，有利于教学与生产、教学与实习、教学与技术研发的交替式开展。

4. 便于学生的企业实习管理

学生实习管理由之前的高校或企业单独负责，转变为由园区统一指导下的校企合作管理，这有助于避免当前普遍存在的学生实习监管不力、放羊式管理、专业不对口、实习岗位技术含量不高、被充当廉价劳动力等问题，通过构建院校与企业之间双向实时沟通、交流的渠道，高校可以随时随地跟踪、了解学生的实习情况，及时发现并解决问题，从而有助于保证学生实习的质量，提高学生专业技能和技术应用能力。

第三节　民航人才培养校企合作机制创新

一、民航人才培养校企合作的组织机制创新

（一）民航人才培养总体设计原则

民航应用型教育的人才培养目标是培养民航业生产、建设、管理、服务一线需要的高素质应用型创新型人才。通过"四以""四本"，构建以能力为本位的教育模式，体现以技术应用为主体的教学特色，形成教学、生产相结合的理论教学体系和实践教学体系。其中，"四以"是指以校企合作人才培养模式为体制基础、以校企结合人才培养模式为平台、以专业建设为龙头、以课程改革为关键。"四本"是指本着有利于人才培养目标的实现、有利于提高专业建设质量和有利于提高教学管理效率，体现一个公共技术平台（即公共学习领域、公共选修学习领域和素质拓展领域）与多个专业方向（即专业一般学习领域课程、专业综合学习领域课程和专业拓展学习领域课程）；本着能反映专业人才培养目标和规格要求、反映专业特色建设要求和反映职业资格证书要求，体现知识、能力和素质的模块化课程；本着课程教学、实验教学合一、产学结合，落实校内实训和校企合作，落实校外顶岗实习，构建相对独立的理论和实践教学体系；本着必修、选修课相结合有利于学生个性化发展，方案制订的规范化和标准化有利于教学管理，构建基于弹性学制的学分制模式下的培养计划。

（二）民航人才培养的基本思路

针对民航企业核心人力资源培养周期长的特点，制订合理的战略规划，为民航企业未来发展做好人才培养工作，如飞行和机务等岗位需要足够的人才储备以保障未来机队的发展。在对国家和地区发展规划与市场需求研究的基础上，把目标驱动、校企合作、工学结合作为人才培养模式实践的切入点，用项目驱动的方式贯穿课程体系的构建、教学组织以及教学方法的改革之中。

1.专业改革建设的基本思路

专业建设坚持以校企合作、工学结合的改革之路，如图6-2所示，通过对用人单位走访、毕业生跟踪调研、典型企业访谈等形式，充分开展人才市场需求的调研。邀请行业专家、高校专家指导并参与人才培养方案的制订，注重职业岗位、工作任务、职业能力分析等方面的研究和设计。在明确专业人才培

养面向的岗位类型基础上，完成对工作任务、职业能力的分析，以职业能力培养和职业素质培养为根本目标，重构基于工作过程系统化的课程体系。深化目标课程改革、注重微课程建设，根据不同课程的特点选择任务驱动、项目导向、慕课教学和案例教学等多种形式的教学改革，课程教学中强调"教学做"合一，提升学生的创新型与应用型能力的素养。教材选择方面注重理论深度与应用能力的结合，既具有一定的理论拓展内容，又具有将应用过程系统化的重要的教学元素。

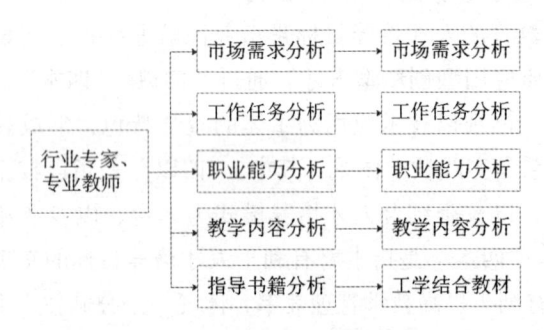

```
                    ┌→ 市场需求分析 → 市场需求分析
                    │
                    ├→ 工作任务分析 → 工作任务分析
                    │
  行业专家、─────────├→ 职业能力分析 → 职业能力分析
  专业教师           │
                    ├→ 教学内容分析 → 教学内容分析
                    │
                    └→ 指导书籍分析 → 工学结合教材
```

图 6-2 专业改革建设思路图

为了达到提高毕业生的岗位适应力和市场竞争力的目的，对岗位工作任务和职业能力进行系统分析，形成专业人才培养工作任务与能力分析表。在典型工作任务与能力分析的基础上，根据培养的需要，重构基于目标驱动的全新培养体系。

2.人才培养方案的基本建设思路

人才培养方案的制订需充分考虑行业专家的意见，并结合当前和未来市场需求确定能力特征，将培养目标和效果与能力特征对应起来，将培养教学体系与培养目标和效果对应起来，形成工作岗位与培养目标和效果对应的人才培养能力矩阵，以及培养目标和效果与培养教学体系和大纲对应起来的人才培养目标矩阵，从而将未来就业市场所需的岗位定位和人才素质，与院校理论教学体系和实践教学体系对应起来，促成学生德、智、体、美、劳全面素质的提升，培养创新型应用型的高端人才。

坚持能力本位，实现培养目标与企业需求相融合、课程体系与工作过程相融合、理论教学与实践教学相融合、专业教师与工匠大师相融合、校园文化与企业文化相融合的培养模式。人才培养应遵循从简单到复杂、从基础到专业、从专项到综合的顺序，从而形成由基本能力到专项能力，再到综合应用能力递进的体系，提升学生的综合素质。

（1）培养目标与企业需求相融合。人才培养目标来自行业企业市场调查，通过综合分析确定专业人才培养目标，课程内容来源于典型工作任务。企业参与专业的建设和开发、参与人才培养方案的制订、参与实践教学和顶岗实习、参与教学质量评估与监控。

（2）课程体系与工作过程相融合。从课程设置、课程内容、课程标准，到教学方法、教学手段以及考核评价都基于工作任务导向。以行业领域分析为基础，紧扣学生就业岗位和成长规律，提炼形成典型工作任务。在行动领域中，针对完成这些典型工作任务所需要的应用能力、知识、素质进行分析、归类、凝练来产生行动能力。在学习领域中，根据行动领域的行动能力设定相应的支撑课程和实践训练，解构现行的学科课程体系，按照学生普遍的认知规律，划分课程边界，形成新的课程体系。

（3）理论教学与实践教学相融合。有效地将课堂教学和技能实践结合起来，将技能实践融入课堂教学。让学生直接在课堂上学到今后就业所必需的应用技能，变被动学习为主动参与，甚至可以推进翻转课堂教学模式，有效提高师资队伍的理论水平和实际操作能力，并能在教学过程中促使教师不断地钻研教学方法，不断地掌握新知识、新技术，以此来满足教学所需，从而不断提高教师的教学能力和教学水平。

（4）专业教师与工匠大师相融合。在理论与实践一体化的课程教学中，专业教师、兼职教师和企业教师共同组成教学小组，试行"双导师""多导师"等制度。专业教师承担理论教学和实验教学部分，助理教师承担实践技能部分；而在实践教学中，企业兼职教师则作为主讲教师，学校专职教师作为助理教师。安排专业教师到企业、科研单位顶岗锻炼，聘请企业和行业领军人物参与专业建设。通过校企合作，打造专兼结合、德技双馨的专业教学团队。

（5）校园文化与企业文化相融合。构建"教、学、做"一体化的实验室和实训基地，组建"教学车间"和"教学工厂"，努力营造企业文化氛围，做到教学实训一体化、实训作品产品化、教学环境企业化、教学过程工作化。并将企业对员工的要求直接引入校园，变成教师对学生的要求，使学生在思想层面、应用层面、素养层面完成身份转换的平稳过渡，着力提高学生的综合素质。

（三）组织机构的特点

校企合作教育旨在加强教学的针对性和实用性，提高学生的综合素质，培养学生的动手能力和解决问题的实际能力，实现人才培养的多样化。校企合作教育可以有多种形式，要积极推行与生产劳动和社会实践相结合的学习模式，开展订单培养，探索工学交替、任务驱动、项目导向、顶岗实习等有利于

探索与实践：校企合作人才培养模式研究

提高学生能力的教学模式。校企合作教育实行校系二级管理，学校负责审核、检查和重大问题的处理，系部负责具体的实施和管理工作。

1. 成立校企合作教育领导小组

各系部根据专业教学的需求，寻求能实施校企合作教育的合作单位。由系部与合作单位相关人员共同参与成立领导小组，系主任及合作单位领导担任组长，成员由系部分管教学和分管学生工作的领导及合作单位相关人员组成。领导小组全面领导、组织、实施各专业合作培养的各项工作，督促、检查系部和合作单位产学合作教育工作的实施与完成情况，协调处理工作中出现的问题。

2. 成立专业指导委员会

成立专业指导委员会是实行校企合作、校企结合体制的重要内容。各系部要继续聘请企业、行业的专家、学者担任校外专业指导委员，不断扩大校外专业指导委员的队伍。专业指导委员会主要由行业的高级技术和管理人员，以及专业领域的专家组成，来自企业的人员应占较大一部分。

各系部应由系部主任为第一责任人，精心组织、充分发挥专业指导委员在专业建设各个环节中的作用。特别是在专业设置、人才培养规格、教学建设和改革等方面的顾问、咨询、信息交流等方面的作用，邀请专业指导委员参与专业教学计划和课程设置的论证工作。此外，还要发挥专业指导委员在合作培训共建校内实训基地、引进新技术和先进的管理模式、学生毕业实习和就业等方面的作用，共同完成具有具体内容的互惠双赢的合作项目，实现企业与学校的互利互助。

3. 加强为企业对口培养人才的工作

产学结合既是一种教学形式，又是一种教育思想。产学结合作为一种教育思想，它主要反映了校企合作教育要以市场为导向，主动面向市场，服务社会的教育理念。因此，为企业对口培养人才的工作，应从以下两方面开展：

（1）各系部在专业设置和确定人才培养规格时，要广泛开展社会调研，了解企业、行业和社会对人才需求的信息以及对人才培养规格的意见，进行专业论证时要广泛邀请校外专业指导委员参加。在充分论证的基础上，提出开设新专业、改造老专业的意见，同时要根据企业用人岗位的职业要求，设置课程体系和教学内容，主动为企业培养人才提供优质的服务。同时，各系部要积极与企业联系，开拓毕业实习基地和学生就业接收单位，主动向企业输送对口的人才，提高学生的就业率。

（2）各系部还要主动与企业、政府进行联系，开展"订单式"的以非学历教育为主的培训业务，充分利用学校的师资、教学条件等为企业培训在职人员，提高从业人员的技术、技能和管理能力。

4.政产学多方协同培养人才

政产学相结合更灵活地适应了市场需要，在学生接受一定的专业理论基础之后，利用更多的教学资源和多种实训形式，让学生在实践中运用所学理论，掌握操作技术的同时，增强学生的创业精神和创业能力。政府根据市场需求对校企合作进行宏观调控，调整院校教育结构，促进校企合作的正向发展。作为学校通过政府和企业的支持与合作，为学生提供更多的实训平台，增强学生的实践能力，在整个教学中帮助学生强化对书本知识的理解以及实际工作中的操作技能，从解决实际问题的角度挖掘更多的研究课题从而获得全面、科学的研究数据，为以后的理论发展奠定基础。通过多方面的精诚合作在不同领域架起桥梁，用发展作为纽带，逐渐形成以政校企为体系的产业链。大力开展政校企合作的教育模式，凭借与地方企业的传统合作关系，把本土经济文化和学校优势专业结合起来，采取多种方式，加强与国内外企业和组织的合作，不断提高的实训效果和人才培养质量。

政产学合作对提高人才培养质量、提升学校社会影响力和形象具有重要作用。政产学即政府、企业和学校三者的合作关系，通过三个主体的合作，共同建立一个人才培养的模式，在优化教学内容的基础上，搭建学生的实训平台，提高学生的实践能力，全面提升学生的综合素质。在创业型人才培养过程中，要注重调动企业的积极性，发挥政府的主导作用，转变学校旧的教育理念，鼓励学校解放教育思想，三方致力创业型人才培养的目标，多方位、多渠道促进政产学合作，努力实现了社会、学生、学校和企业共赢局面。

二、民航人才培养校企合作的构成机制创新

（一）校企合作教育的构成要素

在校企合作机制的构成要素中，主要涉及人才培养目标、课程体系和教学内容、评价体系和教学方式方法四个要素。校企合作人才培养并不是简单地把学生引入企业进行培养，一般认为，它是高校与企业针对社会和市场需求共同制订人才培养方案，确定课程设置和教学内容，并在师资办学条件等方面展开合作，通过工学交替的方式分别在学校和企业进行教学，实现教学过程与生产过程、实际工作过程相融合的一种人才培养模式。

（二）建立人才培养目标

民航院校培养的是应用型创新型人才，是为民航业技术密集型企业或岗

位培养高层次应用型人才。然而，不能简单地将民航专业的人才培养目标等同于企业、行业的人才需求目标，确定民航人才培养目标时，除考虑企业、行业需求的同时，还应考虑高等教育的根本目标——学生的全面发展。其中，包括学生心智的充分发展、素质的全面提高，系统地掌握专业知识和技能、熟悉基本的科学研究方法。为此，民航人才的培养采用"校企合作"人才培养模式。其具有天然的优势，主要表现为以下几点：一方面，民航企业参与人才培养目标的制订过程中，学校可以最大限度地考虑民航企业，乃至民航行业的需求；另一方面，学校还应"以我为中心"，遵循高等教育的教学规律和要求，制订科学、合理的人才培养目标。

首先，通过制度保障，确保高校人才培养方案制订者能了解企业、行业的真正需求，在此基础上形成"校企合作"的保障制度。以上海工程技术大学航空运输学院为例，该校早期就通过聘请上海航空公司等企业人员担任学院专职的企业院长，成立"院务委员会"，制订相关的章程和规定，以确保企业参与相关工作。

其次，学校的领导、教师还需要转变传统观念。通过为一线教师提供企业挂职锻炼机会并由企业指定师傅指导，为企业工程师提供在校兼职教学机会并由在校教师协助，从而加强双方基层的联系，以便于教学单位领导、教师更加积极主动地深入企业，了解企业技术发展现状，了解企业的技术需求、人才需求。

最后，制订与人才培养目标相符的课程教学标准是校企合作落到实处的基础。课程教学标准是规范一门课程教学的指导性文件，它是联系人才培养方案与课堂教学的中间桥梁，课程教学标准对教师的教学有着直接的指导作用。因此，按照人才培养目标的要求制订与之相符的课程教学标准是落实课程改革观念的关键环节。编制课程教学标准时，院校应将企业真实任务对职业能力的要求纳入其中，把职业素养的培养融入专业课程中。对教学目标的叙写应以职业能力来描述，而不是掌握知识程度来描述；教学内容的选取范围、教学组织的顺序应基于职业岗位的工作过程的分析；教学内容陈述的方式应以工作任务或工作项目的形式来叙写，尽可能地采用项目导向、任务驱动的教学模式，让学生在一个完整的工作过程中理解每一个工作任务。

（三）完善课程体系和教学内容

1. 课程体系结构和教学内容的构成

基于专业群规划与设置，专业人才培养方案中课程体系结构应由五部分组成：

（1）公共平台领域课程。这一学习领域课程应使学生尽可能在人文素质、职业素质、思想道德、数理基础、外语交流及学习能力等方面打好一定的基础。

（2）学科基础领域课程。该学习领域课程应能为各学科及专业方向学生构筑一个基础理论较为宽广、核心技能要求明确，能为学生今后的职业发展与迁移提供良好的知识能力和素质结构的综合性核心课程及核心技能实训模块。

（3）专业基础必修领域课程。该学习领域课程直接反映专业教育的特征，具有明确的专业方向，以能力本位和就业导向为目标的教育教学内容。它是由专业基本的、核心的课程及核心实训实习模块构成。

（4）专业特色选修领域课程。这是为拓展学生的就业范围，提供其就业所需的岗位技能与基本专业知识，能够灵活适应市场和企业的需求，该课程设置应紧密贴合不同岗位群需求，依托专业指导委员会，根据对应岗位群应具备的知识和技能要素和要求，构建特色课程模块。

（5）公共选修领域课程。该领域课程按文学、体育与艺术、哲学与心理学、社会科学、数学与自然科学等设置模块，要求所有学生在校期间必须至少选修一定量的学分。

2. 课程体系结构和教学内容的特征

课程体系和教学内容是校企合作人才培养模式的核心内容，通过引入优质的人才培养资源，民航院校应用型人才的培养质量得到较大提高。考虑到课程体系改革的主要目的是改变传统的"学科本位"课程观，采用以应用能力为核心的"能力本位"课程观。课程体系的构建应根据本专业目标岗位的实际需要，综合各岗位的工作任务、内容、职责等要求，由高校和企业专家组联合起草标准；在分析岗位知识、能力素质要求的基础上，将学科体系的课程内容进行解构，按工作过程中的行动体系选择、安排课程，通过梳理出的岗位工作任务，归纳出行动领域；由行动领域并基于真实工作过程构建整个课程体系（学习领域）。

为了达到民航应用型创新型人才应用能力、实践能力培养的目标，在设置课程体系和确定具体教学内容时要充分发挥企业的作用，这将有助于企业深度参与教学。综合来看，校企合作培养模式下的民航应用型人才课程体系和教学内容应具有以下特点：

（1）注重素质教育与专业教育相结合。为了让学生在德、智、体、美、劳各方面得到全面发展，要求学生不但具备认知能力、学习能力、实践能力，而且具备交流、创新、创业和组织能力及团队协作精神。还要重视学生共性提高与个性发展，素质教育与专业教育的结合。传统教学过程中过分强调共性的东西，忽视个性的东西。实际上，个性是最重要的，其核心内容是思想的独立性，能够进行独立的思考，不盲从权威，是创新的源泉。因此，从根本上说，创新首先要有自由的思想作为前提和基本条件，培养个性首先要培养学生的独立精神和自由思考的能力。为了拓宽学生的选择空间，重视学生的个性发展，实行学分制和弹性学制，给学生较大的选择空间，因材施教。

（2）通过引入企业教学资源，加大选修课比例。引入"校企合作"模式，可以根据企业行业具体情况细化课程要求和教学内容，充分利用企业教学资源，在学校设定的必修内容外，增加一些选修性内容，由企业师资利用企业教学资源开展这些选修性内容的教学，学生根据自身的专长、特点、爱好进行选修，这既有利于解决地方院校存在的办学条件问题，如师资力量和教学条件相对薄弱、实践教学资源不足、选修性实践课较少等缺陷，又有利于提高学生的实践和应用能力。

对于公共选修学习领域课程、专业拓展学习领域课程和素质拓展领域项目，学生可以根据自己的特长和爱好进行选择。公共选修学习领域课程及素质拓展领域项目要在全校范围内打通，鼓励学生跨专业选课，搭建合理的知识平台。

（3）通过校企合作，加强短学时课程建设。长期以来，高校的专业课程体系中基础性主干课程代表着大量教学资源和教学时间的投入，同时学生通过这些课程的学习，在知识、能力等方面理应有更多的收获。但实际上，由于客观条件的限制和一些主观因素的影响，这种长学时课程在专业人才培养中并没有完全起到应有的作用，学生没有完全获得多元化的能力训练。考虑到应用能力、实践能力培养的需要，在企业开展教学的可操作性和持续性，以及降低办学成本的需要，通过校企合作模式培养应用型人才，加强短学时课程的建设是必要的。采用校企合作培养模式后，高校与企业一同对学生的专业素质、能力要求进行剖析和分解，针对需要设置相应的、企业可实施的短学时课程，学生的专业综合素质可通过多个短学时课程的学习累积而成。当然，在设置短学时课程时特别要注意课程之间的衔接关系，尤其是能力培养的衔接。显然，引入企业的资源和企业的深度参与是地方院校加强短学时课程（特别是实践性课程）建设的重要保障基础。

（4）增加第二课堂课程的比例，将其放到与第一课程同等重要的地位。一直以来，我国高等院校都在探索开展多种形式的课外科技活动、开设课外专业课堂等工作。但很多都缺乏针对性、系统性，且第二课堂的学生参与度还不够高。采用校企合作人才培养模式后，可结合企业培养人才的机制，为学生提供准民航技术员或民航工程师培养的第二课堂教学环节，这样既与企业入职培训相衔接，又可以较大限度地保证第二课堂的正常化、系统化。

（5）课程设置体现"三通一渗透"的原则。"三通一渗透"即公共学习领域课程打通，各专业素质拓展领域课程按专业大类打通，第6学期各专业一律打通顶岗实习；培养学生人文素质领域的课程（公共关系美育与音乐美术鉴赏、应用文写作）要向各专业人才培养方案渗透。

（四）创新教学方式方法

采用校企合作人才培养模式，随着企业的深度参与，教学方式方法与传统的方法应有所不同。企业真实的生产情境，以及企业技术人员所形成的"学习不能脱离实际"的理念，决定了企业的教学活动更注重操作性、实践性，学生能够获得实践能力和技能的培训和提高，同时传授知识的目的是应用。因此，教学方式方法（特别是实践教学）与传统的学校教学方式方法有所不同。采用校企合作培养模式后，允许企业技术人员根据自身的实践经验和对教学的独特理解，建立具有校企合作特色的教学方式方法。

一般来说，需将教学方法、教学手段的改革与课程体系的改革有机地结合起来。建立以培养学生应用能力为核心的教学体系，突出工作过程与学习过程相结合，在教学设计中将课堂与实习地点相统一，采用以"教、学、做合一"为行动导向的教学方法。以学生为教学主体，真正转变以课堂、教材为中心的传统模式。

创新教学方法，鼓励开展"启发、互动、探究式"的课堂教学实践；鼓励进行问题式、案例式、讨论式、情境式教学；鼓励开设专门研讨课，促进教师导学与学生自学相结合，鼓励导师对学生学习、生活、思想、情感、为人、做事和就业等方面的全面引导和启发。

（五）设定科学的评价体系

与传统的本科培养模式评价体系相比，校企合作人才培养模式的评价体系更加突出企业的作用和参与，构建出学校、学生、企业多元化的评价体系。这种评价体系对实践教学具有指向性作用。科学、适当的评价体系可以促进人才培养质量的提高，并使教育教学沿着设定的目标迈进。在校企合作人才培养模式的评价体系构建中，特别要注重企业自身的特点和属性。如何使企业重视并规范地参与到教学评价中是一个很重要的实践问题。首先，要制订好评价体系中的评价标准和评价方法。在企业实施的教学活动，可以采用以企业为主、学校为辅的办法制订评价标准，这样更能适应具体的教学情境，企业技术人员会更得心应手，同时在院校相关教师的辅助下，能够保证这些评价标准和评价方法不会偏离高等教育的要求。其次，教学及评价的具体实施要充分考虑企业的特有属性。一般来说，参与校企合作人才培养模式的企业多是技术密集型企业，具有一定的规模和规范性，其企业文化强调良好的职业道德以及做事的程序性，这与院校要求的评价规范性是一致的；另外，为了适应市场经济的发展和企业自身的需要，很多企业也在逐步建立自己的人员培养培训机制，甚至建立自己的培训机构，对学员的评价及培训效果也有其自身的标准。为此，校企合作的人才培养模式评价体系应能与企业已有的评价标准和评价方法相适应。

三、民航人才培养校企合作的领导协调机制的创新

民航人才培养校企深度合作办学协调机制是为了解决合作过程中出现的各种冲突和矛盾，充分调动民航企业与院校双方各自系统内部的积极性与创造性，共同达成校企合作目标的协调过程。协调组织机制主要包括引导机制以及调节协同机制。引导机制主要是指我国各级政府积极号召促进校企合作教育和推动产业创新，制定相关的法律法规、政策规划来指引校企合作朝着正确的方向发展。调节协同机制是为了平衡和疏通院校和企业这两个不同组织体系的个体间的合作关系，扫清价值观念和合作理念方面的差异，解决校企深度合作办学过程中不断出现的各类问题，减少和避免院校和企业之间的各种冲突，畅通合作双方的互动沟通渠道，调整校企合作前进的方向，加强合作组织的内部调节和内部管理，最终达成校企合作教育的目标。在校企合作各个阶段，都需要领导协调机制发挥其作用。

（一）校企共同协调制订培养计划

在"双主任制"院务委员会机制下，形成由校企双方专家共同商定培养计划的机制，如图 6-3 所示。其中，院务委员会通过"专业教师＋企业骨干"团队拟定培养计划草案，并报学院、学校有关部门讨论通过，从而保证了培养计划、行业需求、学科要求、教育规律与教学规范四者的高度统一。

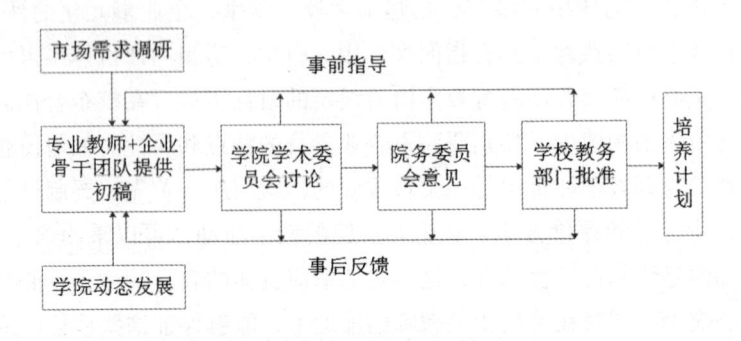

图 6-3 校企共制培养计划流程图

（二）组建校企合作协调委员会

校企合作真正进入政府统筹之后，还应及时建立有效的沟通协调机制。因为在处理校企合作中遇到的问题时，学校要想与财政部门、人力资源与社会保障部门、教育部门和税务部门等相关部门进行协调，往往会存在一定的困难。例如，虽然部门联席会议制度早已在合作教育中建立。但是，由于没有权威领导牵头，无法真正驾驭相关部门，使联席会议制度所起的作用不大，仍有待进一步改善。

校企合作的成功离不开多部门的通力配合，在长期实践的基础上，各地方政府应着手组建校企合作协调委员会。组建"校企合作协调委员会"是完善校企领导协调机制的有效手段。"校企合作协调委员会"的成员既要涵盖政府相关部门、当地企业和高等院校的高层领导，又要吸收中层管理人员、高职称教师以及一线技术人员。一般应由双方决策层、管理层、执行层相关人员构成，平时委员会的成员在各自单位，由一位专职联系人负责联络各成员单位，每年定期召开两次校企合作委员会成员会议，共同研讨市场对人才的需求变化、人才培养方案等相关问题。依托校企合作协调委员会，可调研当地教育发展情况、经济形势及对人才的需求情况，分析如何合作才能最好地满足校企双方的需要，确定在哪些领域开展校企合作项目，继而提供校企合作平台。通过以上方式，使学校和企业都能从自身需求出发，自由选择合作项目和合作伙伴。校企合作项目进入实质性阶段后，该委员会还要对合作过程进行实地考察，监督校企双方是否履行既定方案，最后通过对学生实习实训成果的检验项目，做出总结评价。

（三）充分利用行业协会的协调功能

除了"校企合作协调合作委员会"，行业协会也能在咨询和信息服务方面起到桥梁纽带作用。多年来，行业协会在校企合作的推介、认证、评估等管理环节上未获重视。实际上，行业协会代表成员企业的利益，具有一定的权威性，但又不属于行政部门，在校企合作中可以视为政府、企业、学校之间的中介机构。行业协会对外可以向政府提供本行业的地区发展情况，对内向成员企业传达政府在校企合作方面的政策法规，还可以监督企业开展校企合作的情况。因此，政府需要加大对行业组织的管理力度，扶持和发展有社会责任感、初具规模的行业组织，规范行业组织的形态和工作机制，建立行业组织参与校企合作监督管理的制度，使其发挥应有的作用，保障校企合作的顺利开展。

四、民航人才培养校企合作激励与保障机制的创新

（一）激励与保障机制的内涵

民航人才培养校企合作激励机制是指通过建立合作内部管理制度和人事考核制度推动校企合作教育的进程。通过形成高效的绩效考评制度，实现对参与合作人员的有效监察和督促，调动内部人员的参与积极性。民航人才培养校企合作约束机制则是指合作双方通过法律法规、合同协议等方式，增强合作双方的法律保护意识和合同意识，从而约束各方的合作行为。在校企合作教育的过程中，要将合作的目的与合作参与各项责任、义务、标准细则等制度化，通过严格的制度规范和组织规范，形成有效的约束机制，约束合作双方的合作行为，确保合作各方的合法权益得到保障。

（二）构建高效的激励与保障机制的重要性

制定高效的激励政策，形成长效内部激励机制，对于保证校企合作教育的健康运行具有重要的推动作用。院校层面，有效的激励政策能够有效调动学校内部各职能部门和各系部师生积极主动地参与到合作中来。院校与企业建立长期合作关系和开展全方位的合作，加速创新能力的提升，提高科研产品的竞争力，同时院校科研人员和人才的实践能力得到锻炼，扩大院校的社会效用。院校的激励政策并不能完全用市场的手段来调动教研人员和参与学生的合作积极性，应当更多与院校的科研能力和社会影响力挂钩，在职称的评定、工作的升迁和薪酬的多少等方面给予综合考量，全方位多角度提高院校师生的参与热情。企业作为校企合作教育过程中的另一个创新主体，必须在企业内部建立一套有利于推动校企合作教育的激励政策，通过多样化的激励手段，调动企业各部门参与合作的热情，提高各部门的创新积极性。同时，企业可以通过多种奖励机制，把参与人员的薪资收益与其参与合作过程中的各项表现进行挂钩，切实提高参与人员的参与热情和创新能力。

（三）激励与保障机制的类型与内容

激励与保障机制的关键是构建企业和师生的创新平台，建立健全三方创新激励机制。针对三方的创新平台可分为企业创新平台、教师创新平台和学生创新平台，三者相辅相成、相互促进，共同服务于校企合作创新大平台。通过制订比较完善的合同及协议，对合作关系的建设原则、发展目标、成员的权利义务和合作内容等做出明确规定；签订学校、企业、学生的三方协议，明确各方的责任和义务，利用契约机制为三方关系提供保障，大幅度减少出现单方违约导致他方利益受损的情况。

企业创新平台中，过去大多以企业从院校获得其所需的工程科技人才作为企业激励的主要形式，但在毕业生供给日趋增加，社会人才招聘日益便利的双重压力下，上述激励形式对企业的吸引力正在不断下降。为了保证校企共赢促进深度合作，需要创造性地挖掘企业新的激励形式，这具有较大的难度。在民航人才培养中，为实现企业与院校通过共享资源的形式实现共赢，一方面，企业为学生提供实习实训场所，通过顶岗实习，提高了工程科技人才的综合素质；另一方面，院校凭借办学优势，通过成人教育的形式面向企业员工开设继续教育，通过短训班、自学考试辅导等方式提升企业人员的素质。校企双方优化了资源配置，共享了资源，实现了互利互惠。

教师创新平台能够为教师创新活动提供物质保障和条件支持。例如，设立教学研究项目、科研项目、研究专题、教学团队，或者进行青年教师教学竞赛等。学院应想方设法为教师创新搭建各种各样的平台，以满足教师的创新欲望，教师鼓励进行创新，培养教师的创新能力。

学生创新平台能够为学生创新活动提供物质保障和条件支持。例如，成立科协或科技指导小组，积极组织学生进行科技实践和参加各种创新竞赛；建立由学生自主管理的学生创新中心，开展课外科技文化活动等；建立大学生科技创新专项基金，支持和奖励学生从事科技创新活动。学生创新激励机制，是指能够激发、引导和评价学生自我创新能力自主培养的一系列制度措施。学生创新激励机制是一种新的教育价值观。这种教育价值观要求院校进一步完善现有的学生评价考量体系，加入能够反映学生创新的评价标准。例如，设立创新学分、学生创新奖、学生创新基金等。在评价学生创新的时候，除了一些传统的评价方式以外，还可以探索一些新的评价方式，如研究报告、研究成果展示、研究成果汇报、同学评价、社区评价、批判性思维测评等。不仅如此，更要评价学生在创新能力培养和训练过程中的表现。

有了完善、配套的校企合作保障机制，就能规范校企合作行为，促进校企双方的诚信合作，保障学校、企业和学生三方的合法权益。

五、民航人才培养的校企合作投入机制的创新

多渠道获取资金支持，高效利用合作款项，不断完善和保障校企合作财政制度是构建民航人才培养的校企合作投入机制的基础。在校企深度合作办学过程中，从教学研究、机构设置、信息服务平台搭建到推动合作项目实施，各个环节都离不开资金上的支持，资金支持是制约合作效果的一项重要指标，充足的资金支持是校企合作教育取得有效成果的重要保证。到目前为止，多数高

等院校主要通过下列办法解决合作教育的经费开支：政府对高等院校的财政拨款、学校的办学收入、行业组织或企事业单位对合作教育的投资、社会团体和个人捐款。

对比校企合作模式比较成熟的发达国家的教育经费来源，如美国，政府规定地方学区经费主要有三个来源：一是地方资助，占全部经费的55%，主要是地方财政税收；二是州政府拨款，占全部经费的35%，主要来自地方所得税，按学生人数拨款；其余占全部经费的10%，主要来自联邦政府。[①]德国联邦政府颁布的《职业教育促进法》中明文规定，德国所有国营和私营企业，在一定时期内必须向国家缴纳一定数量的中央教育基金，然后再由国家统一分配和发放该基金。中央基金规定，只有培训企业和跨企业培训中心才有资格获得培训资助。德国联邦政府建立了"产业合作委员会"以监督校企合作双方，法律规定企业接收学生实习可享受免除部分国家税收的优惠。反之，如果企业没有执行《职业训练条例》和《职业培训规章》的要求，就可能被"判处关押"或处以不超过一定数额的罚金。

参照国外校企合作教育的经验，可以发现，它们的校企合作资金渠道十分广泛。因此，我国在校企合作教育资金来源上可考虑通过多种渠道获得充足的合作办学资金，包括政府拨款、院校和企业自身投入以及社会募集款项等，并通过设立校企合作教育专项资金，妥善合理地用好每一笔钱，让合作资金发挥最大的作用。

首先，政府作为主导者，应该划拨经费设置校企合作专项基金。院校所属的地方政府部门应设立校企合作所需的专项经费，同时要对经费的划拨数额、使用办法以及使用效果的评估做出详细说明。还应确立规范的资金审查制度，保证专项经费落到实处。此外，财政部门、税收部门、金融部门还要协调制定和完善校企合作的相关优惠政策。例如，政府可根据企业的属性、规模等设置企业评估指标，包括是否与合作学校保持长期、稳定的合作教育关系，是否定期接纳一定比例的学生进行实习实训，在管理和指导学生方面是否投入足够的时间和精力。此外，在提供的实习设备或原材料占生产成本的比重、支付实习学生的劳动报酬、对当地校企合作教育的支持力度等方面，也应做出规定。综上所述，评估结果可给予企业一定财政补贴和按比例减免部分企业所得税，从而激发企业参与校企合作的热情。

[①] 施长征，彭思恒. 中国校企合作法律法规体系的反思与重构[J]. 经济研究导刊，2012(18): 103—104.

其次，政府还可以引入竞争性的拨款机制和免税政策，增加对校企合作的投入。政府可以采取哪家企业提供校企合作教育与培训，就把合作经费划拨给哪家企业，对其给予规定性免税。澳大利亚政府为了促进校企合作，就采取了竞争性拨款的方式。澳大利亚颁布的《国家培训与保障法》中有明确的约束条款，规定了行业组织对校企合作教育的责任和对参与企业具有选择权。企业可以主动参与合作教育，同时又要面对同行的竞争获得校企合作项目。这就调动了企业、行业组织的积极性。

最后，要想达到更理想的资金筹措效果，还应要求学校和企业作为合作教育的实施主体，也应在资金筹措方面做出贡献。例如，地方政府与当地院校、行业、企业共同设置"校企合作奖励基金"。通过对年度校企合作项目展开评比，评出合作效果显著的院校和企业，对政府的参与部门以及校企合作项目负责人予以奖励；对在校企合作培养应用型人才的过程中做出较大贡献的企业主管和技术人员，以及院校的校企合作中心指导教师等也予以表彰和奖励。同时，还可从基金中划拨一部分用于购买学生实习期间的意外伤害保险，使学生、学校和企业免除后顾之忧。

六、民航人才培养校企合作利益分配机制的创新

校企合作的利益分配问题历来是校企合作教育中的主要问题，合理的合作办学利益分配机制是确保合作关系顺畅的关键。科学、公正、合理的利益分配机制不仅能够确保双方的既得利益，又能够明确双方风险分担的比例。校企合作教育各参与方的利益分配必须本着互惠共赢、公平公正的原则进行风险评估及收益均摊。利益分配必须明确分配依据，合理确定各方利益所得，同时国家也要制定一套完善的管理条例或管理办法。

利益分配机制是双方合作之前就已经达成的共识，是不能因一方的意愿而变动的。利益分配机制能够有效体现合作双方的核心竞争力、投入资源比例，以及双方各自合作成果的价值。合作双方在合作过程中，企业主要考虑生产研发能力和市场运营能力，而院校则主要关注的是研究能力和各种创新资源，如实验设备、实验室等。

在校企合作之初，可以采用双方接受的方法或协商方式，对双方利益分配比例和方法做出清晰、明确的规定，而经过一段时间的运行以后，可以再根据双方对合作贡献的大小，进一步协商和调整利益分配比例和方法，保证利益分配的公正性与客观性。另外，要建立和完善校企合作创新的金融投资机制，加强与金融机构的联合，制订有效的实施方案，包括设立应用技术成果转化专

项资金；利用银行贷款，设立高新技术投资基金；加快风险投资体系建设等。

目前，主流的利益分配机制包括固定支付、提成支付、混合支付和按股支付四种方式。固定支付较为简单和方便，主要是合作双方一次性支付固定金额，后续合作其他收益由支付方单方获得。提成支付是指按照固定的比例分享收益的形式，这种方式是在市场中得到广泛认可的，但容易造成信息劣势的一方亏损；混合支付是结合固定支付和提成支付的分配方式，较为灵活多变。按股支付是指按合作双方的投入比例分享收益，在校企合作教育的过程中，院校的成本投入以无形资产和知识成果为主，不利于资产评估和换算，为利益分配设置了障碍。校企合作教育的过程在选定利益分配方式时必须制订校企的分配计划，并结合自身条件和发展水平，适当进行机制创新，合理完善分配机制。

七、民航人才培养校企合作评价机制的创新

民航应用型院校校企合作的质量，不仅直接体现为所培养的应用型人才能否达到企业的用人标准和规格，还体现为能否帮助企业提高生产能力和技术含量，更体现为能否促进区域经济社会的发展。因此，院校应不断完善综合评价机制，适时走访已就业的学生、合作企业、行业组织、政府相关部门，收集反馈信息，这将有助于推动校企合作的深度发展，促进校企合作理论研究与实践教学的互补与完善，提高学校与企业合作教育的双向驱动力。

随着我国校企深度合作办学的不断深化，为了保证评价体系更具科学性和全面性，我们必须确立多元化的评价主体，推动校企合作的进一步发展。我国的校企深度合作办学评价主体应当由原来的院校和政府逐渐发展到市场、企业、政府、院校和社会中介机构联合参与的多元评价主体，增加校企深度合作办学评价的公平性和客观性，提升评价的信任度。当前，在我国的校企合作进程中，我们应当广泛培养第三方评价机构。第三方评价机构并非由政府和院校构成，却与政府和院校保持着密切的联系，拥有充分的自主权和独立性。第三方评价机构做出的评价应该具有真实性、客观性、透明性、科学性等特点。校企深度合作办学评价主体的多元化能够有效对校企合作的运行过程，从科学教研、能力培养、社会服务、参与主体成长、企业产品革新等多方面实施观察、检测和反应，为校企合作教育发展提出意见，促进校企合作教育的健康发展。校企深度合作办学的过程是众多因素相互作用的动态运行过程，要正确客观地进行校企深度合作办学评价，必须保证校企合作教育评价内容的全面化。校企合作教育的过程涉及政府、院校、企业等多方面因素，对评价主体的客观反映必须包含参与过程中的各个环节。因此，我们必须从评价对象的校企过程中

的各环节出发,对各要素的相互作用、各自的地位、表现和运行状态进行全面的考察和评价,确保评价结果的客观公正。校企深度合作的内容要素包括合作关系、合作教育教学、合作管理运营、各方设备和技术资源、产学双方师资构成、专业设置、合作课程、合作效果、学生参与等。全面的评价内容体系能有效地指导校企合作教育的改革和发展,避免片面评价所带来的偏差。随着时代的发展,我国校企合作教育的评价过程应当逐渐演变成一种注重动态过程、着眼未来影响的评价系统,因此在评价方法上应当注重短期和长期相结合的评价方式。为了打破过去单一、重视定量的评价方法体系,我们在校企深度合作办学的评价过程中,应该将构建定量和定性、动态和静态评价体系结合起来,增强评价结果的公正性和权威性,从而更好地指导校企深度合作办学的发展。

应用型院校要在政府的指导下,与行业组织、企业共同构建综合评价体系,依据合作效果进行评价、总结经验并找出差距,进而制订更加合理的合作培养方案。设置科学、系统的评价体系可以为应用型院校校企合作的改进提供依据,是应用型院校校企合作保持稳定、健康发展的必要支撑。对应用型院校校企合作进行科学、系统的评价应该坚持以下原则:一是导向性。校企合作评价体系要能体现当前校企合作的精神,要能引导理论教学和实践教学的走向;二是全面性。对校企合作全过程进行评价,要涉及组织管理、培养条件、教学过程、培养效果等各个方面;三是针对性。参与评价的人因其身份不同,评价的角度、评价的方式也会不同,这就要求我们设置的栏目要包含领导评价、同行评价、学生评价等多种类型评价表;四是可操作性。校企合作评价是一种直观的感受,评价表必须简明扼要,便于操作。为了让评价者把一些特殊的感触表达出来,还应设置特色点评,让评价者把对校企合作最深刻的印象和校企合作中主要的优缺点用最简洁的文字表述出来,使评价体系更加科学准确,从而更加及时地反馈校企合作的成效。

从评价项目、评价内容、评分标准等方面设计应用型院校校企合作评价指标表在评价的过程中可针对组织制度、合作内容、运作过程、合作效果进行考核。根据评价体系设置的评价指标,参与评价的人员对校企合作教育开展过程中各项指标的完成情况进行逐一评分,最后得出校企合作的整体评价,进而了解合作教育取得的成效,查找出合作中的薄弱环节,有针对性地做出改进并加以完善。

第七章　基于校企合作的产品设计专业人才培养模式

院校与企业合作的办学方式已经成为培养应用型、技能型人才的有效方式。产品设计专业作为一个应用性较强的设计类专业，必须要根据市场导向来培养人才。根据地方的实际情况，做好校企合作具有很强的现实意义。不仅可以增加院校对外交流的途径，及时了解设计行业的发展的实践现状，还可以提高教师的实践能力和科研能力，有效地促进院校办学实力、提高学生能力。本章主要对校企合作下产品设计专业人才培养模式进行探讨。

第一节　产品设计专业开展校企合作教学的意义

我国高等教育改革面临的一项重要任务就是要建立起适应新形势需要的高素质、高级技能型专门人才培养模式及教学模式。高职院校通过与企业的有效合作，获取企业提供的技术、人才、师资、信息和教学实践场所等方面的教学资源支持，是目前高职院校实行开放式教学，提高教学质量的理想模式。我国政府近些年对这一关系人才培养和企业发展的合作模式表示出极大的关注与支持。目前，国内较多的高职院校和一些具有战略眼光的大中型企业纷纷加入到校企合作的队伍中来，通过合作，双方在科技、信息、人才等方面进行了优势互补，极大地丰富了教学资源，推动了企业人力资源的整体以及技术与管理的创新。但是，目前我国高职院校与企业在合作办学方面还缺乏一套有效的模式，校企双方在形式、深度与绩效上与校企合作本身的根本目标以及德、英、美等国比较成熟的模式还有一定的差距。特别是教学层面，多数学校和企业对校企合作缺乏战略性的思考和实践经验。

一、国家政策对校企合作进行积极引导

2014年3月22日，教育部在中国发展高层论坛上表示，教育部将做600

多所地方本科高校向应用技术、职业教育类型转变的工作。这就意味着有 50% 的学校要淡化学科、强化专业，按照企业的需要和岗位来对接。[①] 开设产品设计专业的地方本科高校应该紧紧抓住改革的步伐，积极推进产品设计专业的教学改革。产品设计就专业本身而言就具有很强的应用性，该专业在办学过程中必须要与市场接轨与企业接轨，若仅仅是纸上谈兵，那么就必然导致培养的毕业生会出现动手能力不强，进而在就业的过程中缺乏竞争力。

二、满足市场对应用型人才的需求

伴随着我国从制造大国向创造大国的转型，很多企业也吹响了自主研发的号角，但地方企业却比较缺乏具有创新实践能力的产品设计人才。名校的优秀毕业生多数会选择发展空间较大的城市和地区进行就业，因此很多经济欠发达地区很难招到能力较强的名校优秀毕业生，造成了巨大的人才市场空缺，严重阻碍了地方企业进行产品创新的步伐。

三、地方院校缺乏有特色的人才培养方案

在人才培养方案的制订上，多数地方院校照搬名校或者是照搬成熟产品设计专业的人才培养模式，造成了产品设计专业人才培养模式上创新实践能力不足，导致学生培养模式易产生同质化现象。一方面，地方新建院校在师资力量、实验室建设上，与成熟院校相比存在部分差距；另一方面，地方新建院校招生的生源综合素质与成熟院校和名校相比还有一定的差别。因此，不能以因地制宜、因校制宜的方式由院校的实际情况进行产品设计专业人才培养方案的制订显然是不合理的。

第二节 基于校企合作模式的产品设计课程改革

产品设计课程是启发学生产生想法，并把想法变成现实的一门综合性课程。它要求学生把所学的造型基础、人机工程学、设计表达、模型制作、市场学等基础课程的知识、技能综合起来，完整地将一个或若干个产品从设计准备阶段、初步阶段、深入阶段、完善阶段完成下来，使学生熟悉整个流程，并且

---

① 熊健民，张清，邹军华.地方本科院校转型职业教育发展研究——以湖北省为例[J].武汉职业技术学院学报，2014(4)：5—8.

学以致用[①]。产品设计课程重在培养学生的创造性能力，包括创新原理、创造方法、设计思维与设计实践能力。为了提高应用型人才的教学质量，适应经济社会对应用型人才的需求，为企业输送更多能解决实际问题的设计人才，结合产品设计专业的特点，对产品设计课程进行分析和总结，在校企合作的基础上，进行教学改革，从而培养出更符合企业需求的设计人才。

校企合作不仅能增强高校科研的可持续发展能力，还能够把科学技术与生产实践结合起来，使高校教师得到锻炼，并运用实践检验高校的理论知识，从而增强社会的创新能力。校企合作模式实现了产学结合，既能发挥学校和企业的各自优势，又能共同培养社会与市场需要的人才，是高校与企业双赢的模式之一。加强学校与企业的合作，校企双方互相支持、互相渗透、双向介入、优势互补、资源互用、利益共享，能有效提高高校人才培养的质量，激发合作企业的活力。通过校企合作，把课程学习搬进企业的工厂，学生们学习的积极性提高了，不仅可以在企业的工厂参观产品的生产流水线和各种产品，还能与企业设计师进行面对面的沟通，了解企业设计师的工作，可以更加明确大学学习的侧重点，为今后的学习和工作奠定良好的基础。对于企业，通过校企合作可以让学生得到一些创新的灵感和方向，同时也提前把品牌引入学生的头脑中，吸引学生这个潜在的消费群体。此外，对于优秀的学生，毕业后可以绕过企业入职培训直接就职于企业，为企业节约培训成本。

校企合作的方式很多，产品设计课程教学改革的校企合作主要采用以项目为纽带，学校与企业合作，以共同开办产品设计课程的方式，把产品设计课程融入与企业相关产品的设计比赛中，教师先与企业签订合作项目，再把企业项目融入课程，进行教学。

产品设计课程是一门实践性很强的专业基础课。通过校企合作，进行具有针对性的设计实践，可以安排学生去企业参观实习来增强感性认识，帮助学生加深理解课本知识，使所学知识得以确定与巩固。产品设计课程的教学改革可以采用比赛的形式，把比赛融入产品设计课程考核内容的一部分，由高校产品设计专业学生参与，相关的课程教师进行指导，具体改革方案如下：

1. 为了让比赛更有针对性，企业的主要产品融入课程的讲解中。例如，在讲述产品功能的时候，分析企业中具体产品的功能特点。

2. 为了让学生更加了解企业的产品，把工厂搬进课堂，组织学生到企业参

[①] 张春红，郭磊，刘艳霞. 基于校企合作的《产品设计》课程教学方法改革[J]. 河南科技，2013(5)：254—254.

观了解实际生产情况，并请工程师在公司的展厅针对产品部件、结构等方面进行讲解。在讲解过程中，工程师明确企业的产品需求和设计注意事项，并结合公司产品进行分析，同时回答学生的问题。

3.学生结合企业需求在教师的指导下运用专业设计知识展开设计，首先进行草图方案设计，完成草图方案后，让企业审核，在企业的进一步指导下进行细化。

4.针对细化方案，在教师的指导下进行最终方案的电脑效果图和展板的制作，由企业根据方案进行评奖。

5.对于优秀学生，企业优先提供实习就业机会。由于学生在比赛过程中就已经了解了企业的生产和产品，也设计过企业的产品，可以绕过企业的入职培训，直接为企业服务，为企业节约了大量的培训成本。

校企合作的产品设计课程的教学改革使教师授课不再空泛，教学内容充实而且实用，充分调动了学生的学习积极性。学生通过参加企业产品设计比赛，更加熟悉产品设计流程，明确企业对产品设计的要求，大大提升了学生的设计实践能力。通过校企合作，学校在一定程度上把握了行业发展趋势，掌握了企业用人需求，实现了"订单式"培养，大大改善了毕业生的就业状况。[①]

提高产品设计课程的教学质量是提升专业人才培养质量的关键，迎合企业需求，实现校企合作，推进产品设计课程的教学改革是高校提高教学质量的有效举措。产品设计课程在校企合作的基础上进行教学改革，不仅能够及时帮助学生掌握企业的需求信息，实现学生将来就业和企业用工的顺利对接，还能有效地提高学生的实践应用能力，符合应用型人才的培养目标。

第三节 基于校企合作的产品设计专业人才培养模式分析

伴随着时代的发展，设计内涵的发展也更加广泛和深入。产品设计发展至今，它已不再是简单的"技术+艺术"，而是工程技术知识、人机工程学、人文社科知识、艺术美学知识、市场营销知识和消费心理学等知识体系的多元结合。快速发展的产品设计行业要求我国产品设计人才培养要符合企业实际需要，细化人才培养规格。产品设计专业人才培养应该强化专业技能训练，促进学生全面发展，培养生产、建设、管理、服务第一线的高素质应用型专门人才。

[①] 马成荣.校企合作模式研究[J].教育与职业，2007(23): 8—10.

第七章　基于校企合作的产品设计专业人才培养模式

一、产品设计专业应用型人才培养模式

校企合作教学模式的最终目标是改革学科导向的教学模式——产学结合，化外部资源为学校与企业内部资源，培养符合面向职业能力，符合当前经济发展和社会发展的应用型人才。它是指在合作教育等理念的指导下，总结国内传统教学模式的不足，借鉴国外教学模式的成功经验，充分利用现代企业在人力、物质、信息资源等方面的优势，积极与企业在理念、研发等方面互动交流，共同构建稳定且简明的教学结构理论框架及具体可操作的实践活动方式，实现校企理论教学与实践教学的合理分配、有机结合和无缝连接培养符合社会和企业需求的应用型高等技术人才。这一合作模式既使学生掌握了必要的专业基础理论知识，又培养了学生较强的职业综合能力和较为先进的专业技能；既充分发展了学生的个性，又培养了学生的良好职业道德、工作态度以及团队合作精神。校企合作这一模式可以有效整合校企双方的目标、利益和资源，是一种符合双方目标、行动一致、相互渗透、整体发展的合作模式。

（一）通过市场调研明确培养人才的方向

产品设计与市场联系紧密，要推进校企合作，必须要形成系统的调研制度，组成调研小组，坚持不懈地对企业进行调研：一是专业建设调研，通过调研了解企业对该专业的能力、知识、素质要求，确定专业建设改革方案，调整课程设置，使毕业生更加符合社会的需求，为企业所欢迎；二是对该专业毕业生进行跟踪调研，收集他们对学校教学内容、对企业用人标准等方面的反馈信息，以便于指导学校的教学改革；三是加强对企业的人才需求预测调研，及时掌握本地区经济发展对企业人才的新要求，便于积极推进人才培养模式的改革。

（二）校企共同成立专业建设指导委员会

专业建设指导委员会的成员由学校的领导和教学骨干、企业领导和技术骨干组成。定期向双方汇报合作情况，并参与制订校企合作的方式、计划与实际运作。通过专业建设指导委员会，加深双方的沟通与联系，促进学校专业设置与市场需求的紧密衔接，保证培养出的人才能适应产业技术创新和升级的需要，使学校始终处于主动适应的状态。

（三）学校与企业应保持思维方式上的协调

就目前情况来看，双方思考角度不同，学校与企业在许多方面无法协调，如何保证校企双方沟通的流畅性是一个非常重要的问题。第一，学校以课程为单位，每一门课程培养学生的一种技能，循序渐进完成四年教学任务，其中还

有基本占据了大一所有时间的公共必修课程；而企业以项目为单位，需要一气呵成，人员与资源各方面都需要完善。第二，学校课程中，学生思想单纯，基本是在理想状态下设计，很少将市场因素考虑进来；而企业更多的是以市场为导向，更加需要见到学生作品中出现为市场所接受的新产品。

因此，双方合作开始前，学校出于对培养目的的考虑，对于合作企业的选择要斟酌再三，选择适合进行培养任务的企业，选择能够对学校运作有所了解的专家。企业也需要在合作之前对目前高校的运行方式、体系，以及制度进行充分的了解，以便合作双方的后期沟通畅通无阻。

总而言之，校企合作就产品设计专业而言，彼此都能够在对方身上找到合作的需求点，但是如何保证合作质量，在合作过程中以及结果上能够达到双方共赢，还需要进行多角度的探索。

（四）校企合作模式下促进教学体制改革

1. 校企协商制订教学大纲

教学大纲的制订和修改会根据设计行业的需求与变化进行相应的调整，以使学生能够一直符合行业的用人标准。校企合作的优势在于，学校制订和修改人才培养方案时，通过与合作企业的交流和商讨，本着提高人才培养质量为目的，以专业课程体系为基础，以就业为导向，在教学大纲中不断融入设计实践的内容，加强与企业的密切合作，让企业参与到课程之中，使学生在课堂上能够得到真实的设计实践机会。这样的资源整合方式不但让学校能够及时了解企业需求，掌握行业发展动向，有针对性地调整课程设置、更新教学内容，还可以使学生把学习到的知识及时转化为设计实践经验。

2. 校企一同建设教学团队

学校与企业的一线管理者与资深设计师联合执教，按照岗位流程和阶段合理配置师资负责产品设计实训、实习和相关辅导，以完备的多元化的师资结构对应相关的课程和企业实习，以适应教学各环节的需求。通过不同师资结构团队的组合，在实施教学的同时，又能在研发、创新等领域实现融通、产出。团队成员不仅在校企合建的研发中心（基地）内进行教学，还深入企业进行专项课程教学与培训。专任教师长期与企业合作，拥有丰富的专业教学知识和企业实践的经验，对课程教学如何与社会项目结合有着深入的研究和诸多的成果。这支专兼结合的师资教学团队，责任明确、优势互补，在高素质应用型人才的培养过程中发挥着重要的作用。

3. 校企共同建设实训基地

校外实训基地建设是学生实践教学的重要保证，做好校外实训基地的建设是校企合作中非常重要的环节。学校与企业根据各自的资源配置，合理分配，采取多种形式共同建设好校外实训基地。校外实训基地作为学生设计实践的一个重要舞台，承载着培养学生实际设计能力、积累设计经验的重任。学生入驻实训基地，通过与企业的设计师在一起工作、交流，不断提升自身能力，并对整个设计流程有了清晰的认识，同时通过参与实际的设计项目，积累设计经验，为将来就业打下了坚实基础。在大力加强校外实训基地建设的同时，听取企业意见，不断更新学校内工作室、实验室的硬件配套设施，通过改善校内的硬件条件，与企业和行业相接轨，真正做到校内资源和校外基地共同服务实践教学。

（五）校企合作毕业设计应以就业为导向

毕业设计是对大学生大学四年学习过程的一个综合性的检验。校企合作的毕业设计模式是以就业为导向，以企业实际项目运作为依托，以实现学生理论向实践的转化、积累实践经验为重点，以学生的专业方向、就业意向为选题基础，利用校企两种不同的资源和环境，将毕业设计与学生未来将从事的工作有效地结合起来。这样的合作不仅使学生的毕业设计能够很好地完成，而更重要的是把这次实践机会作为学生就业的有力铺垫，在增加实践能力的同时，不断积累经验、扩大人脉，展现自身的水平与能力。

校企合作的毕业设计模式是以企业的真实项目作为学生的毕业设计任务，合作过程中企业内的设计人员充当"师傅"的角色，带着学生共同完成设计任务，这个过程对于学生专业能力的提高有很大的益处，校企合作的毕业设计模式实质上就是学校与企业共同参与毕业设计完成过程的一种管理方式。在这个过程中，学校、企业相互配合，实现了双赢。

创新型国家需要高素质的建设者，为了培养产品设计领域高级工程技术人才，更好地提升产品设计在国民经济发展中的重要作用，产品设计专业应在突出的工程背景下，充分利用校企合作平台强化培养学生的工程能力、创新能力，促进产品设计专业的教育改革，为我国经济社会的发展做出贡献。

二、产品设计专业人才培养模式现状分析

（一）院校开设产品设计专业的办学理念

"接地气"是当前各院校在开设产品设计专业所走的基本路线。各院校在该专业设置方面都紧密结合地区文化、经济发展和产业集群等特点，扎根于地区经济及制造业发展中对设计人才的需求，强调设计教育对社会经济发展起到的实际性作用，将教育与社会教育、经济联系起来，充分发挥地区经济、市场需求为教育带来的勃勃生机，立足于地方经济基础，为地方经济服务，走以用

为纲、创新为本的发展教育之路。从总体情况看，各院校在强调本土化特色的同时，广泛开展国际交流与合作，注重对世界产品设计发展趋势的了解，保持与国际设计水平步伐的一致性。重视"产、学、研"一体化的教学理念，依托地区经济创造的良好条件与环境，将专业教育面向市场，校企合作，广泛建立实践实体基地，形成一种发展的、良性的设计实践性教学模式。

（二）培养产品设计专业人才的定位与目标

产品设计专业在我国高校开设以来，在相当长的一段时期内，因对其内涵模糊的认识，引发关于学科归属和有关开设院校类型强调的所谓重"工"重"艺"的争论，严重影响该专业在人才培养方面的科学定位。各院校在经过多年的探索与实践之后，对产品设计内涵逐渐得到了全面的认识，明晰了产品设计教育的办学规律与办学特点，逐步建立起一个相对完整的产品设计教育体系。当前，市场对拥有综合素质较高的产品设计专业人才的需求与日俱增，因此多样化的人才培养模式成为产品设计教育发展的一个特点。

1. 产品设计人才的规格定位

人才规格定位是高等院校规划建设发展中的一个中心环节，是明确学校办学特色、反映办学思想、办学能力和培养特色的基础，它直接影响了专业人才的培养目标和培养方向，关系到教学内容和课程体系的设计安排。人才培养规格的制订应突出地方性和综合性的基本特征。

高校在办学定位上根据院校类型、办学传统、办学层次，结合教育规律、市场需求、服务领域、地方经济文化等因素，分为研究型和应用型两类，从而形成两种不同的人才培养模式。研究型大学的着眼点是"学生未来的研究能力和知识创新需要"，应用型大学的着眼点是"学生未来岗位的适应性和技术创新需要"。在学科发展中的区别在于，研究型大学注重加强学科专业基础知识的深度以提升人才的学术研究能力，应用型大学侧重从学科知识的广度来关注人才对专业技术的应用能力。而在实际培养过程中，这两种人才规格类型常结合社会需求和专业特征，从整体着手，在突出各自侧重点的同时又互有融合，以适应社会对多样化人才的需求。

产品设计专业人才具有复合性、创新性、应用性等综合特征，因此人才规格普遍定位为高级人才或高级专门人才，并采用多样化的形式，将专业人才分为精英型、职业设计师和受过良好设计教育的公民三种类型。第一类型人才是集研究和应用为一体的精英型人才；第二类人才是为从事专业工作的职业设计师，走向企业或设计公司，具有一定科研设计开发能力的专业应用型人才；第三类人才是经基本艺术素质培养过的公民，该类型人才有很好的美学基础和

第七章　基于校企合作的产品设计专业人才培养模式

设计创新意识,但毕业后没有走向本专业工作岗位,而是分流到其他领域或相关领域,如政府部门、自行创业、企业管理等行业。

2. 产品设计人才的培养目标

人才培养是高等院校的基本职能。人才培养目标是在展开教育活动之前,在教育管理者的观念中存在的教育结果,是对教育结果的一种设想。简单讲就是培养什么样的人才,培养出来的人才能做什么。人才培养目标是依据高校办学定位和所承担的任务而制订的,是学校教育目的的具体体现形式,它规定了人才培养的发展方向,体现了所培养人才的规格和基本特征,主要表现为以下几个特点:

(1)"厚基础、强能力、高素质、宽口径、广适应"是每一所开设该专业的院校在人才培养上共同强调的目标,即达到教育部规定的既要有厚实的专业基础和基本技能,又要有广泛的适应能力和创新精神,以适应社会对高素质专业人才的需求。就当前现状分析,不同类型、不同办学层次的院校在人才培养目标上基本趋同,没有实质性的差异,培养方案均有一致表述,如培养学生德、智、体、美、劳全面发展,掌握系统的产品设计基础理论知识、基本技能,有较强的设计创新能力、动手能力、应用能力、设计实践能力,具有实施能力与管理能力的专业人才等。这种趋同性主要表现为一种全面性,规格类似性模式。差异性在于办学层次和办学实力在就业领域表述中最终有所针对性,表现为资深院校和专业院校的双重性,如重点大学和资深研究型大学等毕业生既能走入企业和专业设计机构,又可以进入事业科研单位从事产品设计、管理、科研或教学工作,或自行创业,而应用型院校则主要面对专业设计公司、企事业设计部门从事技术制作、组织实施、创意策划与设计等不同层次和类型的工作,可自行创业。另外,在人才的最终称谓中也有所差异,以强调培养人才的独特性,如应用型专门人才、职业设计师人才、特色人才、复合型应用型专业人才和高等技术应用型人才等。

(2)呈现多样化的培养模式。为实现高校培养模式和专业教学内容能与市场发展同步,实现市场对人才需求的有效对接,将教育面向社会,强化教学的开放性与实践性,广建校外实习实训基地和"产、学、研"协同创新平台,形成内容源于行业的新实训课程体系,将理论教学融入实践中。改变传统单一的 3.5+0.5 的培养模式,实行 3+1、3+0.5+0.5 等模式,即 3 年在学校系统学习知识,1 年进入企业或"产、学、研"平台进行实践能力培养;3+0.5+0.5 的第一个 0.5 以兼职教师指导为主,本校教师指导为辅,第二个 0.5 则相反。另外,有国内外合作培养 2+2 模式,即前两年在国内院校学习课程,后两年送往国外合作院校继续读专业课。最后，制订并实施体现多样化、个性化的人才培养方案和教学计划，压缩课内学时，增加实践和课外学时，形成校内与校外相配合的特色。

（3）产品设计一般横跨2—3个二级学科，涉及至少3—4个专业方向。这种培养目标的宽泛性一般基于两种情况，一是产品设计专业的学科交叉性因素要求专业人员具有综合的知识结构，对相关领域知识的了解成为专业知识中重要的学习内容和必要的组成部分；二是为了扩大就业领域，提高就业率，各院校在人才培养目标的制订中将其纳入考虑的范畴。因过于单一的专业方向缩小了毕业生的就业范围和就业机会。从历年设计专业的就业情况看，产品设计专业毕业生难就业和转行的比例相对较高，这严重影响了学生对该专业发展的乐观态度和专业学习的积极性。扩展毕业生的专业面不但可以在本专业领域获得就业机会，而且可以在相关或相近行业从事相关工作。

（三）培养产品设计专业人才的课程体系与教学模式

1.培养产品设计专业人才的课程体系

课程体系是以人才培养目标为指导思想，构建的专业整体教学内容组织框架和教学程序的实施方案。课程体系是由与培养专业人才所具备的各项能力素质指标相关的各门课程构成的，并按照人才综合能力需求对知识掌握的先后顺序开展课程的教学活动，是人才培养目标的具体化，它展现了整个教育过程中专业人才所具有的知识结构、能力和应有的素质特征，因此课程体系设置是否合理直接关系到培养人才的质量。各院校课程体系设置规律与特色并置，体现以下特征：

（1）在整体设置中按照传授知识、培养能力、提高素质的三位一体思想，贯穿理论与实践相结合、传承与创新相结合、共性培养与个性发展相结合三个理念，构建学科基础课、专业基础课、专业方向课三段式模式，形成以必修课为主体，技能课为重点，选修课为补充，辅之以学术讲座等多种方式的课程体系。

（2）在课程结构上改变以基础为重的观念，知识面向更广更深的领域拓展，从通才式、精英式教育逐渐转向更加专业化的人才发展，摆脱传统教学重理论轻实践的弊端，体现出基础课程与专业课程并重、理论课程与实践课程并重、选修课与必修课并行的特点。

（3）课程设置上采取前期趋同，后期分化的方式，即前两年按照学科大类培养，掌握设计专业的通用性知识，以夯实基础，从大三开始，学习专业主干课程和专业方向课程。一些实力比较雄厚的资深院校通过教学改革，已基本

第七章 基于校企合作的产品设计专业人才培养模式

实现"根据学生个人特长、兴趣、未来就业取向,结合社会发展需要和地区产业结构特点,采取院系专业组内选择、学科大类内选择、全校范围内选择等不同方式,实行分流培养"的目标。

2.培养产品设计专业人才的教学模式

教学模式是在人才培养目标和课程体系两者的总体思想理论指导下建立起来的较为稳定的教学活动结构框架和活动程序,可从宏观上把握教学活动整体与各要素之间内部关系和功能,及活动的有序性和可操作性。如果人才培养目标是确定培养什么样的人才,而课程体系是构建组织如何实现这种人才培养的载体,那么教学模式则是对如何落实课程体系展开的各项实践活动,是为实现这种人才采取的具体方法和手段。教学采用什么样的方法和手段,没有统一的模式,各院校在遵循专业教育规律的同时从社会需求实际出发,关注当地区域产业特色,结合院校硬件条件、师资储备、教学经验等,并向国内外知名院校相互借鉴,探索行之有效的方法,形成多元化的特点,其中课程制为多数院校采用,工作室制发展势头凸显,其他类型各有特色。

(1)课程制教学模式。课程制是一种知识传授型教学模式,特点体现为传授与接受的师生双边关系,是我国高校教学中比较普遍采用的一种传统教学模式。课程制教学活动中以课程为单元,采用多科教学方法,如讲授法、讨论法、案例法、任务驱动法等,以传授规律性、总结性知识点,课堂效果易于控制,学习内容较易落实,学生也易于理解。但以课程为单元的课程制教学模式易造成各门课程之间的独立性,使之在知识点方面缺少相互之间的联系性,又因教师专业、受教育背景和实践工作经验的差异性,课程教学目标最终有所偏颇,在实现知识之间相互转化方面存在一定困难,而且学生在学习过程中处于被动接受状态,缺少发现、创造和总结知识规律的过程,对学生的创新创造意识造成局限性。课程制教学中每门课都会产生的作业形成了可观的数量,且多不在一个范畴内,在思维表达和训练方面缺少延续性和联系性,学生天天处在赶作业的状态中。这些现象的存在不符合产品设计专业教学的客观要求,因此各院校相继开展教学改革,探索更有效有特色的教学方法。

(2)工作室制教学模式。工作室制是西方现代产品设计教育普遍采用的一种教学模式,在我国设计教育发展中被很多高校借鉴采用。工作室制教学模式以学生为主体,以工作室为平台,在专业教师指导下通过完成各种课题项目的形式,进行学习。这种具有综合专业技术训练的教学模式,可以在实践中提高学生对专业理论知识的理解应用能力和对各类知识的整合能力,从而实现将教学、科研、实践操作和生产融为一体的教学目的,有效解决设计人才培养中出现的各种问题。工作室制教学模式根据院校推行方式，又呈现四种模式：

①工作室课题制模式。工作室课题制教学模式是将工作室制教学模式和课题制教学模式有机结合起来，即以工作室为依托，将各种与教学相结合的实际或虚拟课题引入工作室。这是一种在实践教学中注重与课题相结合的教学模式。该模式按明确的专业方向分设各工作室，这种教学模式有助于学生在知识的系统性和宽广度方面得到进一步提升，在专业方向上获得更精深的学习，发展更加专业化。

②专业特色教学工作室模式。这种模式是以产品设计专业为工作室，没有细分发展方向，走专业大类通才式教育。

③大师工作室和科研团队教师工作室模式。大师工作室主要是与国内外一流设计院校和行业龙头企业中知名设计大师合作建立的校内外"大师工作室"，通过选拔创新人才进入大师工作室，以工作室为载体开展教学，提供菜单式培养方案。学生可根据自我兴趣和职业发展规划，通过完整的项目流程进行设计实践。科研团队教师工作室是以科研项目为载体，专业教师组织形成的工作室，学生是以结合工作室的科研内容进行学习，提升设计实战经验。

④其他模式是一些院校在引进国外或借鉴国内其他院校教学方式在推行教学改革中结合本校实际情况选择的教学模式，有项目化教学模式、工程化教学模式、"教、学、做"一体化模式等。这种模式通过改革课程制教学模式，对知识点进行整合，以联系的、动态的、立体的方式探寻一种具有综合性特征的教学模式，注重实践教学，借助"产、学、研"平台强调理论与实践的有机统一，使之形成一个循序渐进的专业知识增长机制，实现"做中学"的目的。

人才培养是学校办学的目的所在，如何培养符合市场需求的合格的创新人才成为各院校教学探讨的重点问题。就当前各院校产品设计专业人才培养模式讲，每一种模式都有自身存在的合理性，办出特色不是最终目的，在特色中培养出合格的人才才是切实的目标。随着产业转型升级的到来，在新的环境中，高校的发展将面临新的机遇和新的挑战，改革是必然，创新是发展，高校办学理念的改变必将带动教学理念、管理理念和服务理念等的改变。

三、推进校企合作人才培养模式的方法策略

自地方院校产品设计专业实施校企合作以来，基础不够扎实、稳定性较差等问题一直影响和困扰着地方院校产品设计教育的校企合作向纵深发展。校

第七章 基于校企合作的产品设计专业人才培养模式

企合作是学校和企业各种合作的总称。校企合作的主体是高校和企业,任何一方不配合都会影响校企合作的正常运行。本书将从高校和企业两大主体出发,深入和切实分析上述问题产生的原因,并提出解决对策。

(一)积极构建校企合作的专业平台

产品设计专业人才培养方案把人才培养目标调整为"厚基础、宽口径、重能力"和"知识、能力、素质"协调发展,培养具有扎实的产品设计基础理论知识及产品造型能力的应用型人才。在课程设置上增加实践课程的课时量,尤其是在大三、大四学生的课程设置上突出课程的自主性,在每一门专业课程中都设置实践课,如大三的产品项目设计、大四的产品项目开发毕业考察及设计。这样不仅有利于将企业的设计项目直接导入课堂中,还可以采取就近原则把课堂转移到企业去,这就为校企合作提供了充分合作的课程平台保证,避免了企业的实际项目而无法导入课程的尴尬。

(二)学校教师与企业专家互换指导

在专职教师中,学校可以每年选派一至二名教师深入企业锻炼半年以上。教师返校后有了企业的工作经历,对产品设计创新的流程和产品的加工工艺更加熟悉,在课堂教学过程中也避免了照本宣科的教学方式,能够有效调动学生学习的积极性。

高校积极邀请校外的设计师、工程师、企业管理者等具有设计实战经验的人员走进校园给学生开设专题讲座,加强学生对产品创新设计的认知,学生通过与企业人员展开互动,了解企业需要什么样的设计人才,自己怎么样学习才能达到企业要求,使学生对今后的学习目标有了更加清晰的认识。

(三)加强校内实验室和校外实训基地建设

1.合理安排校内实验室建设

在实验室建设上不应追求大而全,而是应该以能够有效开展实践教学为准则。地方院校多数实验室建设得都不完备,特别是高校扩招带来的实验室建设规模和学生人数的比例不协调,严重阻碍了实践教学的有效开展。因此,高校应该根据自身情况加强实验室的建设。作为产品设计专业的实验室建设,模型制作实验室和综合实训实验室是必须要有的,高端的三维立体扫描仪和三维快速成型机虽然有助于实践教学的开展但不是必须要有的。

2.整合资源对校外实训基地展开建设

校外实训基地的建设是校企合作中非常重要的环节。多数地方院校产品设计专业开设的时间不长,在专业初建阶段,寻求校企合作的企业不一定是实力较强的大企业,因为专业初建,取得的成绩还不够多,影响力还不够大,直接和大企业建立校企合作关系可能会导致企业对院校的设计创新能力的认知形成落差，造成校企合作的协议难以落实。其实，立足地方尝试着与中小企业合作反而更加实际，院校应该组织教师和学生尽力为企业创造经济效益，为院校提高社会影响力。院校在与企业合作中要把握好两个方面：一方面，院校和企业合作的目的是提高人才培养质量，而不是一味地追求经济效益；另一方面，初始阶段采用这种合作方式会对中小企业形成较大的吸引力，通过不断努力，一定能够在中小企业界树立良好形象，产生一定的社会影响力，慢慢就会赢得一些大企业的关注，为将来建设有较大社会影响力的"产、学、研"基地创造机会。

（四）校企合作目标应以就业为导向

对于学生能力来讲，大学四年级的学生是综合能力最强的，因此在校企合作中要充分发挥这部分学生的优势。平时上课的课题作业多数是虚拟的，因此把企业实际项目导入学生的课程，尤其是毕业设计课程是非常有意义的。对于即将走出大学校门的学生来说，参与实际项目会有更大的收获，如果学生的设计能够得到企业的认可，设计作品被企业量产，那么对于缺乏设计人员的企业来说等于提供了人才支撑，这部分学生的就业问题就相对容易解决，他们会成为企业引进人才的首选。因此，尝试在教学环节中导入企业实际项目，尝试课程改革，摒弃原有的虚拟设计模式，与企业展开合作，让学生参与"实战设计"已然成为高校解决学生就业问题的一个新的尝试。校企合作的课程模式实质上就是学校与企业共同参与教学活动的一个过程，如果运用好这个过程势必会给学校、企业带来双赢的结果。

四、产品设计专业人才培养模式的改革

产品设计专业包含了工业设计、环境艺术设计、景观设计、视觉传达设计、动漫设计和建筑学等方面，为了使培养的学生更好地适应人才市场，应积极探索新的人才培养模式，认识到在产品设计类人才的培养过程中必须坚持走"理论+实践+技能培训"的教学道路。在这一理念的指导下，把教学与科研活动延伸到社会，扩展到企业，构建以实践教学为主体，"产、学、研"一体化的校企合作人才培养新模式。

（一）产品设计类人才培养模式的不足

当前，随着我国经济和文化的不断发展、对产品设计人才要求的不断提高，产品设计教育出现了"学生基本功偏弱，原有教学形式无法满足用人单位的需要""专业课程内容与社会脱节"等问题。同时，大多数以市场经济为导

第七章 基于校企合作的产品设计专业人才培养模式

向的设计企业急切地需要大量具有较高综合素质，既能掌握一定专业理论知识，又具有较强设计表现能力；既能熟悉所在岗位的具体的技术技能，又懂得对整体设计流程的项目管理的综合性设计人才。但是长期以来，我国的产品设计类专业高等教育存在诸多的问题导致了综合性设计人才的匮乏：（1）多以单纯的理论教育为主，轻视设计类专业的实践特性；（2）实践教学中的教学内容和形式单一，无法满足产品设计类专业多科性的要求，实践内容滞后；（3）盲目创新，在教育创新的口号下过多地重视形式上的新奇，忽视了设计对象的实际状态，由此造成的后果是部分学生"纸上谈兵"，不勤恳钻研。当下的产品设计类人才培养模式的不足，很难适应市场与企业对人才的实际需要，所以只有找到符合专业特点的方法与模式，才能满足市场和企业的需求。

（二）校企合作人才培养模式促进校企合作可持续发展

校企合作实际上是由国际普遍认同的学校和用人单位合作培养学生的教学模式演化发展来的，这种人才培养模式既能发挥学校和企业的各自优势，又能共同培养社会与市场需要的人才，是高校与企业双赢的模式之一。加强学校与企业的合作，教学与生产的结合，校企双方互相支持、互相渗透、双向介入、优势互补、资源互用、利益共享，能够实现高校教育及企业管理现代化、促进生产力发展。

1. 校企合作是扩展就业的渠道

校企合作可以使高校增加对外交流的途径，了解社会和行业实时状况，高校以企业作为对外交流的桥梁，通过它们联系更多的企业和行业相关组织，不仅扩大了信息接收范围，还增加了高校在本行业的知名度。此外，校企合作还扩大了学生的就业面，它既是学生就业的重要渠道，又是企业吸收优秀员工的有效方法。学生能更早地接受企业的职业理念，进入职业角色，产生归属感和责任感，增加其职业凝聚力。

2. 校企合作符合市场对人才需求的特征

随着市场经济发展进程的深化，市场对人力配置起决定性作用，学校作为人才供给方，要使培养的人才符合社会发展的需要，就必须以市场为导向。校企合作增进了行业与学校的了解和沟通，有利于培养出真正的技术人才。

3. 通过校企合作优化教育资源

高等教育如果仅仅通过学校自身条件，改革、发展一定会有难度，必须借助外部力量才行。由于我国高等教育的功能并不十分完善，所以人才的培养不能局限于单一的校园环境，利用校企合作，可以充分利用社会和企业的教育资源，进行多模式、多体制的办学，解决普通高等教育中的资金短缺、实践薄弱等问题，提高教育的效率和质量。

（1）校企合作为教师学习、实践提供了更多的途径，也促进了教师知识结构、能力结构的改善和双师型教师队伍的建设，企业为学校提供充足的兼职师资力量，加速了师资队伍建设的进程。

（2）企业利用产品运作优势能够大力支持高校实训设施建设，保证基础设施的更新。

（3）企业的信息输入和师资培训可以帮助教师及时地了解行业发展状况，结合社会反馈信息和企业实践性培训资料，进行教材开发，使高校能在产品设计类专业教材建设上形成鲜明的专业特色。

（三）校企合作人才培养模式的实践

1. 校企共同协商制订人才培养方案

在设计人才培养方案时，高校和合作企业通过共同商议，本着提高人才培养质量的目的，以专业课程体系为基础，以就业为导向，加强与相关企业的密切合作，逐步形成了以下四种可行的人才培养方案。

（1）校企合作订单式人才培养方案。高校与相关企业共同制订人才培养方案，共同面试招生组班，共同组织教学，共同考评学生学业，学生毕业后按订单协议进入相关企业工作。企业向高校下达人才需求计划，高校负责人才的招收，合作双方共同制订教学计划、培养师资和考核学生成绩，共同指派教师指导学生的实习和毕业设计。学生的课程设计和毕业设计都来自企业的工程实际所需求的人才培养方案，一方面消除了学生的就业压力，使学生能全身心地投入学习；另一方面，企业能招到满意的、符合企业自身发展要求的新员工。

（2）校企合作渗透式教育的人才培养方案。企业参与高校人才培养方案的制订，根据教学计划提供相应的实习场所和实习指导教师，高校可按协议为企业提供继续教育服务、智力支持服务和输送一定数量的毕业生。有了稳定的校外实习基地，学生的专业技能训练形成了由认识实习、校内实训和校外的定岗实习构成的一个完整的体系。

（3）校企合作分段制教育的人才培养方案。高校与相关企业共同制订人才培养方案，高校负责文化素质课、专业基础课和专业理论课的教学，企业负责专业技能实训教学。如开展分段制教育的人才培养方案，学生在大学期间的头两年在学校学习文化素质课和专业基础课，之后半年去实习企业进行专业实习，企业指派实习教师进行指导，学生对本专业有了充分的认识后再回学校进行为期一年的专业理论课学习，最后半年高校和企业均派指导教师指导学生的毕业设计，学生的毕业设计材料由企业提供，毕业作品归高校和企业共同

第七章 基于校企合作的产品设计专业人才培养模式

所有。通过该种校企合作的人才培养方案,可实现产学结合,资源共享,优势互补。

(4)校企合作工学交替的人才培养方案。高校与急需人才的相关企业共同制订人才培养方案,学生学习三年的课程之后,即进入企业顶岗实习,边工作边学习。该种培养方式不仅使学生能提前找到工作,学生还能采用"半工半读"的方式完成学业。

2. 校企共同完成对实习基地的建设

实习基地的建设是学生实践教学的保证,建好实习基地是校企合作中非常重要的一环。高校与企业本着"诚信合作、互惠互利"的原则,采取多种形式共同建设校内实训场所与校外实习基地,如派出项目组进入高校直接指导实习工作,同时安排学生直接进入公司的实习基地进行实习;又如,企业与高校共同建设实验室,优化实验室的仪器设备,该实验室一方面为在校学生提供优质的实验条件,另一方面为高校专业教师和设计单位技术人员提供科学研究所需的仪器设备。企业通过提供实习场地、实习指导教师和实习项目的方式同高校进行合作,学生一方面能接触到实际工作,在企业设计师的指导下完成实习任务,另一方面企业也能通过学生的实习完成自己的设计项目。通过校企互动,使实习基地真正成为学校师生接触社会,了解市场和进行职业技能锻造的重要阵地,同时有了企业作为实习基地,也能解决学生生产实习的难题和弥补学校实习设备缺乏的缺陷,学生在实习中做到"六个合一",即学生、学徒合一,教师、师傅合一,车间、教室合一,作品、产品合一,理论、实践合一,育人、创收合一。[①]

3. 校企合作建立强大师资队伍

"双师型"教师队伍是校企合作人才培养的可靠保证。通过校企合作办学,利用企业的技术人员的参与,解决了专业教师特别是实践经验丰富的实习指导教师不足的难题。同时,专业课教师在教学与企业实践活动中提高了实践能力、科研能力和专业教学水平。在"双师型"师资队伍建设方面,形成了以下两种做法:

(1)利用企业专家具有理论知识和实践技能的特点,建设一支稳定的兼职教师队伍,充分发挥他们的专业技能优势,指导学生实习。

(2)通过高校选派教师到相关企业挂职锻炼,培养一批既精于理论又善

---

① 赵奎友.关于职业教育"六合一"培养模式的研究[J].职业,2009(29):102—103.

于技能实训的"双师型"教师。

　　校企合作的人才培养模式已逐渐被人们所认识并应用于实践，成为培养生产技能型人才的最有效方式。将其作为产品设计类专业的人才培养模式应用于实践，有助于提高教师的工程实践能力和科研能力，提高高校的办学质量，扩展学生的学习内容，加强理论与实践的结合，使人才培养质量登上新的台阶。通过该种方式，企业也能从中获益，引进企业需要的人才，促进企业的良性发展，做到真正意义上的"校企双赢"。

第八章 基于校企合作的会计专业人才培养模式

随着经济的发展,社会对会计人才的需求越来越大,为了培育更多的会计专业人才,职业院校应对教学策略进行调整,采取校企合作的方式,使学生能够参与企业实践,为未来就业奠定基础。本章分析了校企合作基础上会计专业人才培养过程中存在的问题,并给出了相应的解决方案,从而能够为社会培养更多具备综合能力的会计人才。

第一节 会计专业推行校企合作的重要性

一、能够提升会计人才的素质

无数的实践证实,培养技能型和应用型人才已经成为绝大部分职业院校的主要任务和教学目标,校企合作就是在此种背景下出现的一个概念。学校传授学生知识,而企业负责提供实践的场地,双方利用彼此的优势,联手培养优质人才。通过校企合作,培养出一批批高素质、多技能的会计专业人才。通过建设校企合作基地,为学生创造一个参与实践的平台,让学生将课堂上所学的知识运用到实处,让他们在生产第一线了解自己的定位和不足之处,并加以改进。除了能够获得实践机会之外,校企合作还能提升学生的思想道德水平,帮助学生树立正确的世界观、人生观、价值观,为其今后顺利踏入社会做好打算,通过校企合作培养出来的学生对自己的定位都比较明确,能够顺应社会的发展趋势。

二、增强学校与企业的协作

在与企业合作的过程中,职业院校要培养高素质、多技能的会计专业人才,同时要在培养人才的空档不断积累口碑,吸引更多的企业与自己合作,这样才能在激烈的竞争中站稳脚跟。通过媒体对具有社会价值的校企合作案例进行跟踪报道后，能够加深更多企业对校企合作教学模式的了解，明确职业院校的办学特色，对提升企业形象意义重大，从而吸引更多企业与职业院校共商合作事宜，实现学校、人才、企业三方共赢。

三、促进国内就业市场的发展

通过校企合作的方式，能够有效提高职业院校对人才培养的效率和水平，既可以向企业输送高素质人才，又利于学校扩大生源。另外，针对企业的人才需求输送人才，可以提高毕业生的就业率。高校依据企业所需人才标准选择生源，并设置相应的专业和课程。通过这种有针对性的培养，可以保证输送到企业的人才都是有用的，而且大部分学生完成实践任务之后都可以留在企业工作。

在这种培养模式下，只要学生和企业双方达成了共识，学生毕业之后就可以直接进入企业工作，实现了招生和就业的无缝连接。更重要的是，通过这种模式培养出来的学生都有扎实的基本功，再经过企业的实践培训之后，熟练掌握了岗位技能，能够很好地胜任岗位。

第二节 会计专业校企合作中的问题

虽然我国职业院校的会计专业在开展校企合作培养人才模式时取得了一定的成果，但是在这个过程中依然存在许多问题，导致校企合作的效果达不到预期。

一、健全校企合作的相关法律法规

现阶段，会计专业校企合作面临的最大问题就是相关的法律法规并不健全，导致学校和企业出现矛盾和纠纷之后很难通过法律途径来解决，这会严重影响彼此的合作积极性。因此，国家应该尽快出台更多更具针对性的法律法规，明确校企双方在合作中的权利和义务，这样才能减少彼此的矛盾和纠纷。

二、企业对校企合作缺乏积极性

企业是以营利为目的的组织，其追求以最低的成本获得最理想的收益。合作过程中，企业的运营成本会因为其向学校提供了一定的资金支持而有所增加，因此有的企业并不愿意与学校展开合作。实际上，成本的增加只是暂时的，只要双方确立了一致的发展目标，就可以从合作中获得可观的利润。一些企业认为没有必要与学校合作，因为自己可以通过对外招聘的方式获得所需的人才，坚持认为引入一些技能不成熟的学生会影响自己的发展，所以其并不是很愿意与学校一起培养人才。还有一些企业到高校进行实地走访考察之后发现，校内设施、设备无法满足校企合作对硬件设施的需求，在这种条件下培养出来的人才未必能够满足企业对人才的需求，所以不愿意与学校合作。另外，企业与学校合作时并未建立实习生机制，导致合作极易因各种问题而被终止，这也增加了企业在校企合作中的顾虑。

三、校企双方在合作过程中沟通与监督不足

高等院校和企业是校企合作中负责开展实践操作的主体，合作双方的这种设定会导致两者为了各自利益而出现道德风险和逆向选择的情形，这与监督主体的缺失不无关系。

（一）学校和企业未建立有效的交流渠道

高等院校和企业是两个完全不一样的系统，从管理层面上看，两者之间的运行机制等层面之间并无明显的关联性，双方对彼此处于一种一知半解的状态，也不了解彼此的需求，这与沟通渠道的缺失不无关系。沟通不畅使彼此处于相对封闭的空间，也影响了合作关系的进一步深入，双方都不太关心对方的价值取向和当前的需求，这可能会使校企合作的效果大打折扣。除此以外，校企运作机制尚未实现无缝连接。一些企业承诺会对学校提供帮助和支持，但具体到实践中又因为要节约成本未能兑现承诺。还有一些企业提出了一些很难实现的人才培养目标，给学校开展培训工作造成了许多麻烦。就实习层面上看，企业针对学生安排的工作没有真正结合自身需求教学要求。这样做只会使学生在企业实践时浪费时间，无法掌握真正的技能。

（二）校企合作中只有单一的监督部门

校企合作中的监督部门是校企合作中高校指定的监控评价主体，这种评估方式忽略了社会主体和学生的建议和看法。学校管理部门一家独大，既是管理的主体，又是制订、执行和评估管理决策的主体，不受任何部门和个人的监督。这会造成评价所得校企合作结果存在十分浓厚的主观色彩，无法在第一时间发现和解决校企合作过程中的不足之处，十分不利于改进和完善校企合作模式的缺陷。

（三）未建立完善的校企合作监督体系保障机制

大部分高校与企业进行合作的过程中没有主动建设管理队伍，使双方的

合作缺乏保障。从事管理工作的人员的管理水平有待提高，应该客观、真实地评估校企合作的情况，并给出合理的意见。有些高校会返聘退休教师来负责制订各种校企合作机制和制度，或是将这些工作直接交给校内教师开展，导致管理主体和监督主体是同一人，缺乏独立性，自然无法起到预期的监督作用和效果。

（四）校企合作监控体系缺乏操作性

一些高校设计出来的校企合作质量监控体系缺乏可操作性，无法很好地监督和评估学生的发展情况。不仅如此，经调查了解，很多高校目前用于监督校外实习实训的手段并不科学。

四、高等院校自身条件存在限制

（一）高校自身缺乏参与校企合作的主动性

很多高校在校企合作中都处于一种被动状态，即由企业上门与自己商讨合作事宜，而不是自己主动出击，寻找合适的合作对象。对于高校而言，其任务就是根据社会对人才的需求培养专业对口的人才，高校才是最应该深入市场进行调查和了解的一方。校企合作也不例外，高校要主动了解企业的人才需求，这样才能制订具有针对性的培养方案。实践调查结果显示，在日常生产和管理活动中，企业将大部分的重心放在了日常管理和教学活动上，忽视了与企业的沟通和交流。

（二）专业和课程设置与企业需求不符

"培养应用型和技能型人才，切实满足市场和企业人才需求"是会计专业职业院校的办学要求和期望。为达到这一要求，职业院校需要先对市场展开调查，了解不同行业对人才的个性化需求之后，制订具有针对性的人才教育和培养方案。职业院校要主动出击，走入企业和市场，通过搜集、分析和处理大量的数据和资料明确培养方向，保证专业设置的科学性。然而具体到实践中，具有这种意识和觉悟的院校较少。

（三）对校企合作管理不够重视

很多学校与企业合作时未就日常管理达成共识，导致合作中矛盾重重。个别学校只简单地针对管理事务设置了一个委员会，这对解决问题并无太大的帮助。具体到管理实践中，校企存在重总结、轻后续管理方案和制度优化的问题，这些都是未来要改进的地方。

（四）"双师型"师资力量不足

现阶段，职业院校中具有较强教学水平和资质的双师型会计专业教师人数较少。①虽然很多职业院校都改进了自己的师资队伍建设模式,培养了一批优秀的教师,然而这依然未能很好地填补"双师"缺口,而且教师队伍的结构也不太科学。其中,部分教师具有较强的理论基础,但缺乏实践能力。有的教师具有丰富的教学经验,但缺乏实践教学和指导能力。还有的职业院校招聘的教师大部分都是毕业后直接入校任教的,这部分教师往往很难及时转变自身的角色,无法很好地将理论知识和具体教学进行结合。在校企合作过程中,大部分的教学内容仍是由本校教师完成的,而具有企业工作经验的资深专业教师或专业教学团队当中的企业生产一线兼职教师人数明显无法满足教学的要求。这将会使实际的高职会计人才培养效果大打折扣。未来需要加大建设力度填补"双师"缺口,这样才能使校企合作朝着更深层次的方向发展。当然,培养"双师型"师资力量只依靠学校一己之力是远远不够的,需要企业提供一定的帮助,特别是财力和机会方面的支持。在企业中引入教师,让教师根据企业的人才需求制订行之有效的教育方案,这样才能形成长效的合作机制。

第三节 基于校企合作的会计专业人才培养模式探究

会计专业属于实践性比较强的专业,学生如果在校期间能有机会进行实践操作的话,对于将来的就业能够带来很大的帮助。因此,要提高会计专业毕业生的就业率、提高教学效率,需要积极研讨科学的教学模式。开展校企合作的教学模式能有效解决企业需求与人才培养之间的矛盾,使学生尽量达到企业对人才的要求。

一、校企合作模式下的会计人才培养的目标

(一)会计人才培养的总体目标

第一,将产业的发展与教育教学融合起来,建立学校、企业和社会等多方参与的制度和平台,不断为现代职业教育提供有力的制度保障。第二,加强对校企合作背景下会计专业人才的培养,搭建校企合作的人才培养平台,充分发挥社会各项资源,推动会计专业人才的培养。

---

① 欧阳瑜.校企合作的会计人才培养模式探究[J].财经界(学术版),2019(17):95—96.

（二）会计人才培养的具体目标

学校和企业建立长期稳定的深度合作模式，在充分发挥学校教育资源的同时，利用企业的实践平台实现资源共享，共同在会计人员技能培训、人才培养、学生就业等方面开展合作。结合会计人才职业素养、会计学的基本理论和专业内涵等，将职业教育渗透到学生的生活中，并通过社团和其他社会活动等训练学生的专业技能。校企合作模式下，通过协同制订相应的人才培养方案，从而创建较为真实的实践教学环境，推动教学改革深入发展。为学生、教师和社会人士等创建会计专业数字化的资源交互平台，从而推动教学的信息化，真正促进继续教育和终身教育的发展。依托学校的优秀师资及企业专家团队，成立会计专业终身教育服务指导中心，建成终身教育的公共服务平台，构建终身教育数字资源中心，为会计专业毕业生和会计从业人员终身教育提供服务。

二、校企合作搭建人才培养平台的优势

遵循"规则管理、效率优先、质量取胜"的办学理念，通过与政府、学校、企业多方协同联动，对实现会计专业人才培养目标设计和校企合作搭建人才培养平台具有积极意义。[1]

（一）能够充分发挥学校和企业的资源优势

一方面，学校拥有良好的教学环境和教育资源，能为会计专业的学生提供较多理论知识的教学指导；另一方面，企业具有较强丰富经验的专业人才，同时能为学生提供良好的实践平台，通过学校和企业的共同合作，了解企业对人才的需求，充分发挥学院在人才培养和教学经验等方面的优势，定期组织平台的成员企业和专家开展双向交流活动。学院可以为企业提供更多的理论支持，提供更多的优质人力资源，提供更多的困难解决方案。企业可以为学院提供更多的实习和就业机会，提供更多来自企业一线的人才需求和教学指导，提供更多最新和最前沿的技术和产业发展趋势，同时可以为将来联合组建职教集团奠定基础。

（二）可以保持校企合作的长期稳定

通过企业订单班、现代学徒制等形式实现校企联合教学，探索校企联合招生、协同育人、共同发展长效机制的建立，破解校企合作在体制机制上的障

---

[1] 巨天珍，高凤如，葛建团，等. 地方高校校企合作人才培养模式探索——以环境专业为例［J］. 当代教育理论与实践，2015(11)：62—64.

碍与困难。[①] 同时，开展多方资源共享活动，共同在专业服务、技能培训、人才培养与提供、学生就业与创业等方面开展更广泛的合作，联合开展专业技术服务等工作，培养学校教师的实践操作能力和企业专家的带徒教学能力，全面提升会计专业人才的培养能力和教学水平。

三、校企合作模式下创新会计人才培养方式的策略

（一）对校企合作领域的相关法律制度进行完善

理想的外部环境是职业教育生存与发展的前提条件，校企合作也不例外。西方国家会通过制定和实施政策的方式支持职业教育的发展，帮助其克服发展过程中的种种困难和障碍。我国发展职业教育时也要重视政策的支持作用，不断健全相关法律，扫清职业教育发展道路上的障碍，为会计专业校企合作人才的培养提供一个良好的外部环境。

企业在校企合作的过程中可能会向学校提供一些硬件上的支持，如设备、电子产品等，针对这些由企业提供的硬件，政府相关部门要给予一定的税费优惠，降低其参与校企合作的成本，这样才能调动和维持企业开展校企合作的积极性。学校获得了设备之后，能够更好地开展教育和培训工作，最终形成一个三方共赢的局面。

站在国家的层面来看，在校企合作过程中应该设置一些具有激励作用的基金，利用基金帮助学校和企业规避合作过程中的种种风险，填补校企合作中的资金缺口。通过资金扶持的方式维持校企合作关系，尤其是校企合作中关系到市场扩张、重大科研项目等，要加大税费减免和资金扶持的力度，针对校企合作培养出来的人才以及研发出的新产品，要给予一定的补贴。

（二）学校应发挥主导作用

政府要利用制度建设来维系校企合作的关系，然后通过优化组织结构来充分发挥校方的主导作用，同时明确结构中各个组成部分的职责，并以此为依据实现相关保障机制和措施的结合，维持学校和企业双方的合作热情。

学校在校企合作中决定着合作的走向，是十分关键的一方。因此在校企合作过程中，学校要注意协调各参与方的关系，发挥自己的主导作用。学校在校企合作中的主导作用包括以下几点：要结合自身实际情况考虑校企合作的整体利益；要客观、公正地评估毕业生的培训和实践表现；要通过系统的分析，

[①] 王燕.构建校企合作背景下的会计专业工作室人才培养模式研究[J].财经界，2016(8): 303.

探索与实践：校企合作人才培养模式研究

为学生融入社会提供恰当的建议和指导；要充分考虑哪些因素会影响学生的进步和发展；要协调合作中各方的关系，并维系好这种关系。只有这种关系长期持续下去，才能形成三方共赢的格局，并进一步演变为长远发展关系，从而发挥校企合作的价值，为社会发展做贡献。

1. 为校企合作建立相应的组织部门

成立一个专门的工作委员会对校企合作会起到非常重要的作用，委员会负责对各项合作事务进行统领与协调，从全局的角度考虑校企合作项目的需求，明确需要参与培训的学生规模，并出面与合作企业进行沟通和交流，交换想法，了解彼此的诉求。

设置一个由学校高级教师以及各个专业负责人组成的专业委员会，其任务是针对学校不同专业设计人才培养方案，明确课程改革的方向和内容。

设置一个由学校科研人员和企业技术人员组成的技术合作开发委员会，由其负责推广和应用校企合作生产的产品，并通过引导和鼓励，激发校企双方开发新产品的积极性和能动性，确保校企合作真正取得突破性的效果和成绩。

设置由校方管理人员、企业管理高层、行业带头人所组成的企业职工培训委员会，由其负责设计和规划校企合作的各项事宜，尤其是统筹调度和安排校企合作中的各位工作人员，还要认真评估与审核校企合作过程中的重大决策事项。

2. 制订校企合作制度

面向社会输送高素质、多技能的人才是学校的主要责任，这也是校企合作中学校的定位。因此，学校要结合市场、社会对人才的需求设置专业，确保培养出来的人才能够真正为行业、企业所用，通过填补社会人才缺口间接推动社会的发展和进步。

为进一步了解企业的人才需求，如专业需求、技能需求、岗位需求，学校与企业合作的过程中要构建一个行业和企业调查制度，定期与行业带头人进行沟通和交流，明确行业目前的发展情况，还可以外聘专家为学生讲解未来社会的发展趋势。学校也要深入企业的生产车间，调查并获得企业第一手的资料，全面掌握劳动力市场对人才的要求和需求，调整专业和课程设置，取消与时代发展相脱节的专业，开设一些现代化专业。这样培养出来的人才才能够与时俱进，发挥学校培养人才的本职价值。

3. 建立可靠的校企合作决策机制

在校企合作过程中，学校扮演着双重角色，既是参与者又是建设者。因此，学校要牵头建立行之有效的合作决策机制，确保合作中的各种决策都是可行的，并且不会影响彼此的利益。学校作为校企合作中的主导者，要明确双方

第八章 基于校企合作的会计专业人才培养模式

形成合作关系后所能拥有的权利以及需要履行的义务。企业的主要任务就是结合培训实践情况,发现合作中的问题,与校方共同商讨学生的培养目标和方案,并在彼此看法和意见相左时主动进行协调,确保双方对最终的决策方案和结果达成共识。

有了校企合作决策机制作为支撑,可以有效规范和限制学校、企业在合作过程中的行为,也能对双方的利益形成有效保障,能够维系好校企双方的合作关系。这一机制的运行离不开高校管理层、法律顾问、行业专家、企业高管等高级人才的支撑,这些人才在部署和规划校企合作方面起到了至关重要的作用。通过开展专题研究和考察的方式提出具有建设性的观点和意见,针对双方的利益诉求科学地安排课程与学科,不断适应社会发展的需求,制订和完善人才发展规划,客观地评估校企合作效果。

4.建立完善的校企合作约束机制

在校企合作过程中,学校不能因为自己的责任是培养人才就忽视了彼此的利益诉求,因此构建一个行之有效的约束机制是很有必要的。建立完善的约束机制能够规范彼此在合作中的行为,可以避免一方的利益因另一方出现了违约行为而受损,也能够通过约束将双方更好地联系在一起,共同完成目标。校企合作中的企业在提供各种帮助和支持的过程中要与学校签署保密协议,以免商业机密外泄,这样才能保障好自身的利益。采用恰当的手段保护企业内部数据和技术的安全能使企业免受利益侵害,也能让学校根据合同的内容自觉保护企业的商业机密,形成一种彼此为对方利益着想的格局,从而携手共进,获得理想的合作效果。

就大部分学校和企业的合作实践来看,权责不明是其合作中的通病,也是最棘手的一个问题。遇到此种问题时,一般都是由校企双方自行明确各自的职责,在不影响双方利益的基础上,通过协商得到一个能够让彼此达成共识的结果。以日常教学管理为例,学生在校期间显然应该由学校开展日常管理工作,通过管理使学生充分遵守学校的规章制度,但是学生进入企业参与实践活动时,学校就应该将管理权交给企业,由企业负责管理学生以及开展实训工作。学校和企业要共同预防和保障好学生的人身安全,通过建立规范的规章制度预防各种安全事故的发生,其中最具代表性的做法就是主动为学生购买保险。总之,协商明确彼此的权责是校企合作中解决职责不明问题的主要方式。

5.建立有效的校企合作激励机制和交流机制

在校企合作过程中,高校应该更加积极、主动,如牵头构建激励和定期交流的机制。对于学校和企业而言,合作应保证平等与公平,两者难免会在合作中出现利益相冲的问题，此时需要开诚布公地进行沟通和交流，了解彼此的利益诉求和想法，如此才能不断地摸索出一种协调双方利益的方法，维持好彼此的合作关系，使校企合作朝着更加规范的方向发展。可见，利益趋同是双方得以长期合作下去的重要决定因素，因此合作时要保持联系，及时发现和解决合作中的问题。

（1）加强校企之间的信息交流和沟通。学校和企业合作过程中要对重大事项、决策以及政策的变动进行协商和讨论。只有通过协商，双方才能清楚这些变动是否会对自身的合法利益造成影响和侵害，也只有通过沟通，才能加深彼此的了解。随着沟通的深入，双方还能寻找到价值的共同点，使合作能够朝着更深层次的方向发展。

（2）重视校企合作项目人员之间的相互交往。负责开展校企合作项目的工作人员也要重视彼此的沟通，定期召开座谈会议，通过会议来交换信息、共享信息，提高项目的成功率。学校人员和企业人员之间的往来有利于彼此制订出更为科学的工作计划和工作方案。学校人员与企业人员沟通之后，能够了解学生在企业中的实践情况，企业所反馈的信息就是校方制订教育和培训方案的重要参考和依据；企业人员与学校人员沟通后，能够结合自身实际向校方提出一些改进课程设置和教学的意见。除此以外，双方还可以通过沟通和交流及时发现和解决合作中的问题。

6. 全面加强双师型队伍的建设

学校中从事会计专业教学工作的教师应该坚持以应用型人才和技能型人才培养目标而制订出有效的教学计划。[①]学校可以就教师培养问题和相关企业签订协议，聘请具有较高职业水平和工作经验的人员到校内任教，并安排校内具有一定资质的教师到企业相关的工作岗位挂职，通过一线的会计岗位工作来培养和锻炼教师，从而使教师能够掌握更多的会计专业工作流程和实践经验。学校也可以结合学生的培养情况，在实践操作环节充分引入小组合作方式，确定每个小组的成员之后，由专业教师带队，并通过共同讨论和交流协作的方式完成校内实训和校外实训任务。在了解学校内部师资情况之后，有针对性地推出教师轮训制度、青年教师培养机制，通过新老教师"一对一""一帮一"的

[①] 朱宏军. 有关会计专业校企合作人才培养模式创新的研究[J]. 财会学习，2017(2): 207.

方式来提升青年教师的教学能力。① 每年为教师安排相关的专业培训和企业培训，将相关的培训结果纳入绩效考评和职称评定范围中。另外，学校还需要根据教师培养的要求不断完善顶岗制度，根据教师的个体情况为其安排相应的会计工作实习，要求一线会计负责人对顶岗教师进行有效的引导。学校也可以签订保密协议或共享校内会计科研成果，为教师创造更多接触企业的核心技术和重要业务的机会。在全面提高校内教师的职业资格和专业技能后，鼓励在校教师考取相关的资格证书。这样不仅能够全面实现双师型教师队伍的建设，也能够为校企合作的深入开展打下坚实的基础。

（三）企业应积极参与校企合作

加大宣传力度，通过宣传将合作的理念渗透到企业内部，让企业清楚了解校企合作能够为企业发展带来的益处，并且为有合作意向的企业提供一些以往的成功案例，促成企业的合作行为。

企业可以通过与学校深度合作的方式朝着更加多元的方向发展，通过合作，企业能够更进一步地了解自身的优势和短板，而且可以借助学校的力量解决自身发展中遇到的问题。总之，与学校合作对企业而言，利大于弊。就国外校企合作的情况而言，合作经费有80%都是由企业提供的，对于日本和德国这样重视校企合作的国家而言，企业支出的经费已经远远超过了80%，而且这些国家的政府对主动与学校合作的企业给予了极大的税收优惠，目的就是维持企业与学校合作的热情。② 当企业意识到了这一点后，便会主动找学校合作，为学校开展教育和培训活动提供资金和物质上的支持，并从合作中获得更大的社会效益和经济效益。

在企业内部，企业可以给予主动配合校企合作工作的员工一些补贴、优惠待遇，或是优先考虑这些员工的晋升问题，这样才能调动企业内部员工主动了解校企合作事宜，提升他们开展校企合作工作的能动性。

（四）政府应充分发挥引导作用

1. 将校企合作研究纳入国家科研规划

现阶段，参与校企合作项目的企业和学校呈几何倍数增长，它们的目的只有一个，就是通过合作实现自身的长远发展。但就现状而言，合作效果差强

---

① 欧阳瑜.校企合作的会计人才培养模式探究[J].财经界（学术版），2019 (17)：95—96.

② 汤聪颖.财经类应用型本科高校校企合作研究[D].兰州：西北师范大学，2018：36.

人意，问题主要出在合作方式上。绝大多数校企合作项目尚处于酝酿阶段，缺乏落到实处的条件；有些合作项目不注重经验的分析和总结，没有形成与校企特征相符的合作模式，缺乏指导意义。

故而，国家在规划和研究校企合作项目的过程中要从全局出发，调动各级研究机构研究校企合作这一课题，并成立专门的课题小组展开专项研究，以有效地推广好的经验，为校企进行深度合作提供支持和参考。

2.通过转变政府职能支持校企合作

政府机构要以内部为起点进行改革，并对内部机构的设置进行调整。不仅如此，要统一校企合作的目标，引导其在合作过程中自觉整合职能，这是未来政府改革所要达到的目标。政府机构改革并非简单地增加或是精简几个部门，而是要通过改革成为一个上下联动的机构以获得倍增效应和加成效应。因此，政府机构完成改革后，能够为校企的合作和发展提供更有力的支持和帮助，通过给予资金上的支持来维持税务、劳动、教育等相关部门之间的联系，使校企合作获得更多职能部门的帮助。为了实现这一目标，政府部门要通过宣传，加深学校和企业对政策的理解，同时搭建桥梁，为更多的企业和学校创造合作的机会和条件。对于正处于观望状态的企业和学校，应该构建资源信息共享机制，使之通过信息共享加深对校企合作的了解，消除疑惑；对于合作中出资建设了实训基地或是购买了设备的企业，政府要给予补贴和税收优惠，维持其合作热情；对于合作中表现突出且起到一定带头作用的企业，政府还要公开进行表扬，树立榜样，吸引更多企业与学校进行合作。

3.建立联席会议制度

在校企合作体系中，政府充当着"指挥官"的角色。政府应该构建一个能够发挥不同部门职能的联席会议制度，充分发挥各个职能部门对校企合作不同的引导作用。对于学校而言，其责任是不断向当地输送合格的人才，解决人才缺口问题；对于企业而言，其与学校合作后可以根据自己的人才需求吸纳一些人才，缓解社会就业压力，同时其获得了所需的人才之后，也能迅速发展壮大起来，为社会经济发展做出更多的贡献。因此，政府应该在校企合作项目中引入联席会议制度，帮助学校和企业加深对彼此的了解，并引导双方共同解决问题，这样才能优势互补，形成发展合力，获得理想的合作效果，为校企合作人才培养奠定基础。

（五）实行服务机构协调的校企合作新模式

发达国家的校企合作已有百余年历史，成功的案例比较多，如德国的"双元制"模式、美国的"合作教育"摸索、新加坡的工厂制模式、日本的"产学合作"模式等。这些校企合作人才培养模式都有自己的特点、适用范围以及优缺点，十分值得我国参考和借鉴。但借鉴时要考虑到是否适用，不能一味地移植，要结合自身的实际情况，选择合适的模式加以改进和优化。

我国学校能够为企业提供足够的人才数量，但这些人才所掌握的知识和技能不一定是企业所需要的。之所以会出现这一现象，是因为我国职业院校人才培养和供给机制不够科学，对企业需要何种人才不够了解。这种信息上的偏差使学校无法制订出有针对性的培养方案和计划，当其了解了市场和企业对人才的需求之后，已经错过了调整人才培养方案的最佳时机，造成了人力资源的浪费。在解决校企合作中出现的各种问题时，构建校企合作的服务机构非常有必要，能够消除两者之间的信息孤岛，加强彼此的联系。另外，政府作为整个机构的主导力量，能够适时给予企业和学校一定的帮助，并履行好监督职能。

成立了服务机构之后，能够加深校企对彼此的了解，使双方都主动维系合作关系。对于学校而言，其能够面向企业提供科研方面的服务和资源，如科研人才、科研资源等；对于企业而言，其能够利用服务机构加速科研成果的转化速率，尽快收回合作的投资成本，增加企业的经济效益。企业效益增加后，才有能力为学校开展科技研发工作提供更多硬件上的支持，进而形成良性循环，使双方朝着更好的方向发展。这些都为校企合作人才的培养奠定了基础。

参考文献

[1] 贾文胜,何兴国,梁宁森,等.职业教育校企合作机制及政策保障研究[M].北京:中国商务出版社，2019.

[2] 覃庆华.校企合作教育对创新型人才创造力的影响研究[M].北京：经济管理出版社，2019.

[3] 赵金玲.校企合作、产教融合培养高素质应用型旅游人才：海口旅游职业学校的实践研究[M].北京：旅游教育出版社，2019.

[4] 李国庆.给予校企合作的旅游人才创新创业能力培养研究[M].北京：中国水利水电出版社，2019.

[5] 刘晓.职业教育中的校企合作：行为机制、治理模式与制度创新[M].杭州：浙江大学出版社，2019.

[6] 谢剑虹.职业院校校企合作研究的理论与实践[M].长沙：湖南人民出版社，2017.

[7] 师俊英.高校产品设计专业校企合作模式的分析研究[M].成都：电子科技大学出版社，2017.

[8] 何法江,李智忠,姚红光.民航人才培养的校企深度合作机制研究[M].北京：国防工业出版社，2017.

[9] 中国就业培训技术指导中心.校企双制 工学一体——校企合作指南[M].北京：中国劳动保障社会出版社，2016.

[10] 陈德清,涂华锦,邱远.高职校企合作体制机制改革与实践[M].北京：北京理工大学出版社，2016.

[11] 钱志芳.校企合作背景下创新型人才培养机制研究——评《校企合作教育对创新型人才创造力的影响研究》[J].高教探索，2020(6)：129.

[12] 亓芳.产教融合与校企合作协同创新人才培养模式探究[J].绿色环保建材，2020(6)：189,191.

[13] 杨世君.校企合作模式下高职院校双创人才培养策略研究[J].中国农村教育，2020(12)：37—38.

[14] 刘媛.多路径下的校企合作、创新高职院校人才培养新模式[J].湖北开放职

业学院学报，2020(8)：14—15,24.

[15] 李金军.高职院校校企合作订单式人才培养模式的构建[J].才智，2020(17)：56.

[16] 徐淑华，张莹.产教融合、校企合作视角下会计工匠人才培养机制探究——以九江职业技术学院为例[J].九江职业技术学院学报，2020(1)：30—33.

[17] 胡英华.高职院校校企合作人才培养模式研究——基于"双高计划"背景[J].辽宁高职学报，2020(6)：72—75.

[18] 杨磊，朱富丽.校企合作视域下完善职业院校创新型人才培养模式的对策研究[J].现代盐化工，2020(3)：133—134.

[19] 胡蓉.基于"双向嵌入"式校企合作的会计人才培养模式研究[J].重庆第二师范学院学报，2020(3)：119—122.

[20] 徐树铭.基于校企合作的技工院校会计专业人才培养模式探讨[J].企业改革与管理，2020(2)：146—147.

[21] 左冬梅.基于校企合作的高校应用型人才培养策略研究[J].中国商论，2020(11)：189—190.

[22] 唐宇，于娟，王兵，等.地方高校转型背景下"产教融合、校企合作"人才培养模式的探索与实践[J].大学教育，2020(6)：160—163.

[23] 王业挺.职业院校校企合作现状和路径[J].黑龙江科学，2020(9)：54—55.

[24] 陈国宝.航空服务专业在校企合作视野下人才培养模式探究——以江苏航空职业技术学院航空服务专业为例[J].科教文汇（下旬刊），2020(3)：121—122,129.

[25] 谢天慧.旅游管理专业校企合作创新人才培养路径探析[J].山西农经，2020(6)：121—122.

[26] 张欣阳.旅游管理专业校企合作人才培养模式研究——以协同创新为视角[J].美与时代（城市版），2019(3)：102—103.

[27] 李国庆.旅游管理专业校企合作协同育人模式研究[J].文化创新比较研究，2019(18)：130—131.

[28] 周晓雷，汪丽珍.高校旅游管理专业"订单式"校企合作实习模式优化思考[J].上饶师范学院学报，2019(1)：115—120.

[29] 赵明明.基于校企合作的民航地面服务外语人才培养模式探究[J].教书育人（高教论坛），2018(24)：18—19.

[30] 丁杰，王若军，王杨.全过程、立体化校企合作培养高职旅游人才的探索与实践[J].北京经济管理职业学院学报，2018(1)：50—54.

[31] 张婧. "一带一路"背景下基于校企合作的高职民航运输专业国际化人才培养探讨 [J]. 西部素质教育，2018(8)：5—6.
[32] 董璐. 空乘专业校企合作模式探索 [J]. 济源职业技术学院学报，2017(2)：111—113.
[33] 董焱. "多元化"校企合作机制与产品设计专业实践教学结合 [J]. 美术教育研究，2017(24)：123.
[34] 谷童飞. 对接市场 合作共赢——产品设计专业校企合作模式探索 [J]. 安顺学院学报，2017(2)：131—133.

后 记

随着社会经济的快速发展，我国对教育事业越来越重视，并加强了对技能人才的大力培养。我国的职业教育取得了一定的成果，但也存在着诸多的问题，这需要不断丰富职业教育体系的内涵，优化职业教育的发展环境，完善职业教育办学体制。我国过去开展的以政府为主体的办学模式已逐渐无法满足当前社会的发展，而采取多元化主体办学模式，让学校、企业、政府等共同参与，发挥各自的作用，形成自主合作、共享利益的办学机制，这对职业教育的发展非常有利。

职业教育校企合作突出企业办学主体地位，明确企业在校企合作中的参与方式，能够充分发挥企业在校企合作中的积极作用。企业应与学校共同对学生进行知识技能的培养，使学生能够将知识与实践有机地结合起来，提升自身素质、增强自身技能，为未来就业奠定基础。同时，校企合作能够解决企业对人才的迫切需求，促进企业不断发展。

职业教育通过校企合作的模式培养人才，这是一件利国利民的好事。笔者查阅了大量相关领域的资料，也拜访了有关专家，深入探索了校企合作这种职业教育人才的培养模式。希望本书能够对国内校企合作人才培养模式的创新提供参考。

创作过程中，经历了辛苦，但也收获了芬芳。在此，笔者向各位前辈和专家表示诚挚的敬意，也感谢给予大力支持的领导、同事、家人、朋友，有了你们的关注，才能让本书得到圆满完成。对于书中存在的不足，希望广大读者能够谅解，后期会不断加强与改正。